SERVIETTEN falten

Klassische Tischdekoration –
Schritt für Schritt kreativ gestaltet

Sophia Kaiser

SERVIETTEN falten

Klassische Tischdekoration –
Schritt für Schritt kreativ gestaltet

EDITION XXL

INHALT

VORWORT

Wer Gäste zu sich nach Hause einlädt, stellt sich zuerst die Frage, welche Speisen und Getränke serviert werden sollen. Aber bekanntlich isst ja das Auge mit, deshalb sollte nicht nur das Essen appetitlich angerichtet sein – auch ein schön gedeckter Tisch trägt maßgeblich dazu bei, dass sich Ihre Gäste wohlfühlen.

Es gibt zwar feste Regeln, wie ein Tisch eingedeckt wird oder wie die Reihenfolge der servierten Speisen sein soll, doch darüber hinaus können Sie mit Kreativität und Einfallsreichtum eine Tischdekoration gestalten, die Ihrer Feier eine persönliche Note gibt.

Ein wichtiger Bestandteil jeder gedeckten Tafel sind schön gefaltete Servietten, die dem jeweiligen Anlass angepasst werden können. Ob Sie eine elegante Form, wie die französische Lilie, für Hochzeit oder Taufe wählen oder eine schlichte Variante, wie den Fächer, für Geburtstag oder Kaffeeklatsch: Die Servietten sind immer ein Blickfang.

Die Faltanleitungen in diesem Buch werden mit Abbildungen Schritt für Schritt erklärt. Sie reichen von einfachen Faltungen bis hin zu solchen, die etwas mehr Fingerfertigkeit erfordern. Probieren Sie es einfach aus – und lassen Sie sich von unseren Dekorationsvorschlägen inspirieren!

Viel Spaß dabei wünscht Ihnen

Sophia Kaiser

RATGEBER

Nach den Schritt-für-Schritt-Anleitungen in diesem Buch können Sie die einzelnen Serviettenformen problemlos falten. Dennoch ist es ratsam, ein paar Dinge zu beachten, bevor Sie mit dem Serviettenfalten beginnen:

Leinenservietten sind besonders stilvoll und für alle Anlässe passend.

Welche Servietten eignen sich zum Falten?

Sie können sowohl Stoff- als auch Papierservietten benutzen. Für festliche Anlässe sind Stoffservietten aus edlem Leinen oder auch aus Baumwolle empfehlenswert. Für einen Kindergeburtstag oder den wöchentlichen Kaffeeklatsch dürfen es auch einfache Papierservietten sein.

Allerdings sollten Sie darauf achten, dass diese nicht zu dünn und somit instabil sind. Zum Falten besser geeignet sind gestärkte Papierservietten oder solche aus Vlies. Wenn Sie Stoffservietten nehmen, dann sollten Sie diese zuvor stärken und bügeln. So lassen sich die Faltlinien besser erkennen, was sehr hilfreich ist. Ebenfalls hilfreich kann es sein, während des Faltens die einzelnen Faltungen zu bügeln. Auch dürfen die Servietten bei komplizierten, mehrfachen Faltungen nicht zu dick sein.

Papierservietten gibt es in allen Farben und Mustern.

Achten Sie außerdem darauf, die Farbe bzw. das Muster der Serviette auf den Anlass und die Gesamtdekoration abzustimmen. Meist werden für Feste wie Hochzeit oder Taufe zarte Pastelltöne bevorzugt, während man es für einen Geburtstag farblich auch ruhig mal „knallen" lassen kann.

Für das Gelingen ist auch die Größe der Servietten wichtig: Sie müssen auf jeden Fall quadratisch sein, denn auf dieser Form bauen sämtliche Faltanleitungen auf. *Stoffservietten* messen in der Regel *50 x 50 cm*, *Papierservietten 33 x 33 cm* oder *40 x 40 cm*. Die Servietten dürfen nicht zu klein sein, sonst wird die Faltarbeit zu kniffelig. Falls Sie bedruckte Servietten benutzen, dann legen Sie sie zum Falten mit der bedruckten Seite nach unten.

Auch eine schlichte Tischdekoration kann sehr wirkungsvoll sein.

Tipp

Probieren Sie die Serviettenfaltung rechtzeitig aus, vor allem wenn es sich um kompliziertere Faltungen handelt. Und planen Sie genügend Zeit ein, um die Servietten für eine größere Tischgesellschaft zu falten!

Auch für einen festlichen Anlass darf das Büffet ungewöhnlich dekoriert sein.

Der schön gedeckte Tisch

Die gefaltete Serviette ist ein wichtiges Deko-Element auf dem gedeckten Tisch – aber zu einem gelungenen Gesamtbild gehören noch einige andere Dinge, die es aufeinander abzustimmen gilt. Die folgenden Anregungen sollen Ihnen dabei helfen, Ihre Dekoration harmonisch zu gestalten.

Tipp

Wenn Sie Ihre Tischdecken selbst nähen, dann kaufen Sie eine größere Menge Stoff und nähen Sie gleich die passenden Servietten.

Die Tischdecke:

Für die Wahl der Tischdecke ist der Anlass entscheidend: Auf Festtische für Hochzeit, Taufe, Kommunion oder Konfirmation werden in der Regel feine weiße, oder zumindest in hellen Tönen gehaltene Decken gelegt. Auch Damastdecken sind hierfür sehr beliebt. Für Geburtstagstische verwendet man auch gerne farbenfrohe Ausführungen und vor allem für Kindergeburtstage solche, die mit lustigen Motiven bedruckt sind.

Eine schöne Alternative zur Tischdecke sind Tischläufer. Sie sind ebenfalls in den unterschiedlichsten Ausführungen erhältlich und können der Länge nach in der Tischmitte aufgelegt werden oder auch in der Breite, wobei Sie je nach Tischgröße mindestens zwei Läufer benötigen. Auch Tischsets sind ein schöner Blickfang und vor allem dann empfehlenswert, wenn Kinder mit am Tisch sitzen und die Gefahr besteht, dass diese dann doch einmal zu fest an der Decke zupfen …

Wofür auch immer Sie sich entscheiden: Achten Sie möglichst darauf, dass die Tischwäsche, wozu auch die Servietten gehören, „aus einem Guss“ ist oder zumindest farblich miteinander harmoniert.

Der Blumenschmuck:

Zu einer festlich gedeckten Tafel gehört ein schöner Blumenschmuck, sei es als Strauß, als Gesteck oder als einzelne Blüten. Auch hier ist die Dekoration vom Anlass abhängig. So wird bei Hochzeiten der Blumenschmuck häufig auf den Brautstrauß und den Autoschmuck abgestimmt. Bei einem Gartenfest kommen vorzugsweise Blumen aus dem Bauerngarten zum Einsatz und das weihnachtliche Festessen wird eher von Tannenzweigen begleitet als von frischen Blüten.

Ob Sie opulente Sträuße bevorzugen oder lieber einzelne Blüten einsetzen, hängt von Ihrem Geschmack und von Ihrem Geldbeutel ab. Und auch hier ist weniger oftmals mehr: Liebevoll auf dem Tisch verteilte Blütenköpfe oder einzelne Blumenstiele in einem schlichten Glas erzielen manchmal größere Wirkung als riesige, teure Gestecke. Es müssen auch nicht immer Blumen sein: Duftende Kräuter, in einem Metalleimerchen oder in einem mit Rinde und Bast umflochtenen Topf, sind eine Dekoration, die Auge und Nase erfreut. Vielleicht finden sich auch die Kräuter in der einen oder anderen Speise wieder – dann ist der Sinnesgenuss komplett.

Bestücken Sie kleine Flaschen und Gläser mit unterschiedlichen Blumen und stellen Sie diese in kleinen Gruppen zusammen.

Einfach, aber effektvoll: Hängende Teelichter im umwickelten Glas.

Selbstgebastelte Platzkärtchen für eine persönliche Note.

Die Kerzen:

Kerzen sind für eine stimmungsvolle Tischdekoration unverzichtbar. Ob klassisch in Leuchtern oder abwechslungsreich in schönen Teelichtgläsern – mit Kerzenschein zaubern Sie eine gemütliche Atmosphäre auf den gedeckten Tisch. Beim Candle-Light-Dinner spielen Kerzen sogar eine Hauptrolle …

Kerzen gibt es in unzähligen Varianten und Farben: Leuchterkerzen, Stumpenkerzen, Kugelkerzen, Teelichter oder auch als Fackeln (bitte nur im Freien verwenden!). Auch hier gilt: Stimmen Sie die Kerzenbeleuchtung auf den Anlass, die Farbgebung und Ihren persönlichen Geschmack ab. Stellen Sie Kerzen in kleine Laternen, höhlen Sie Äpfel oder Zierkürbisse aus und bestücken Sie sie mit Teelichtern oder legen Sie Schwimmkerzen in eine schöne Schale mit gefärbtem Wasser: Auch hier sind Ihrer Kreativität keine Grenzen gesetzt!

Die Platzkärtchen/die Menükarte:

Bei größeren Feierlichkeiten mit vielen Gästen ist es sinnvoll, eine Sitzordnung festzulegen. Damit stellen Sie sicher, dass sich Ihre Gäste wohlfühlen und gut unterhalten. Um ihnen ihren Platz anzuzeigen, können Sie einzelne Platzkärtchen aufstellen.

Eine andere Möglichkeit ist es, eine bestimmte Gruppe von Gästen einem Tisch zuzuordnen und ihnen an diesem Tisch die Platzwahl zu überlassen. In diesem Fall empfiehlt es sich, eine Karte mit den Namen der Gäste in der Mitte des entsprechenden Tisches zu platzieren.

Damit sich die Gäste schon von Beginn an mit der Speisenfolge vertraut machen können, sollten Sie Menükarten auslegen. Feiern Sie in einem Restaurant, so gehört dies oft zum Arrangement dazu. Findet das Fest zu Hause oder in einem angemieteten Raum statt, können Sie die Menükarten zusammen mit den Tischkärtchen entweder drucken lassen oder selbst herstellen. Letzteres ist zwar wesentlich aufwändiger, bietet aber mehr Möglichkeiten, diese kreativ und individuell zu gestalten.

Mit einer Heißklebepistole lassen sich allerlei Deko-Elemente ganz einfach befestigen.

Eine Blüte oder ein kleiner Strauß ist ein schöner Blickfang an der Husse.

Sonstige Deko-Elemente:
Über die Grundausstattung einer Festtafel hinaus gibt es zahlreiche Möglichkeiten, dieser noch zusätzlich eine persönliche Note zu verleihen:

- Streudeko können Sie fertig kaufen: z. B. Jahreszahlen für das Jubiläum, Sterne für Weihnachten, kleine Eier für Ostern oder Herzen zum Valentinstag.
- Kleine Geschenke für die Gäste, wie z. B. selbstgebackene Kekse, Erinnerungsfotos oder Mini-Büchlein, werden durch eine hübsche Verpackung aufgewertet: Basteln Sie personalisierte Umschläge, umwickeln Sie durchsichtige Tüten mit schönen Bändern oder dekorieren Sie schlichte Einmachgläser.
- Stuhlhussen kommen bei besonders festlichen Ereignissen zum Einsatz: Sie können Sie passend zum Tischschmuck mit farbigen Schleifen versehen, ausgeschnittene Herzen mit Namen daran hängen oder ein kleines Blumenbukett daran heften.

Der richtig gedeckte Tisch

1 Vorspeisengabel
2 Gabel für den Hauptgang
3 Teller für den Hauptgang
4 Vorspeisen- oder Suppenteller
5 (Stoff-)Serviette
6 Messer für den Hauptgang
7 Vorspeisenmesser
8 Suppenlöffel
9 Brotteller und -messer
10 Dessertbesteck
11 Rotweinglas
12 Weißweinglas
13 Wasserglas

EIN GUTES Essen IST
Balsam FÜR DIE Seele.

DIE FESTTAGS*kerze*

Die Kerzenfaltung ist perfekt für eine festliche Tafel: Wenn Sie ein kontrastfarbenes Satin- oder Samtband darum binden, wird sie besonders feierlich.

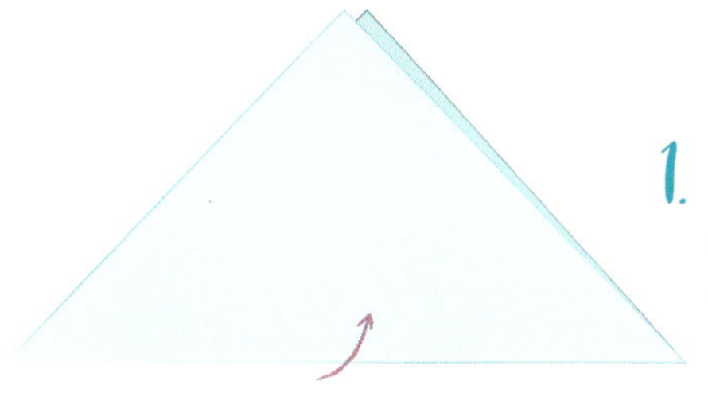

1. Die ausgebreitete Serviette diagonal nach oben falten, sodass ein Dreieck entsteht.

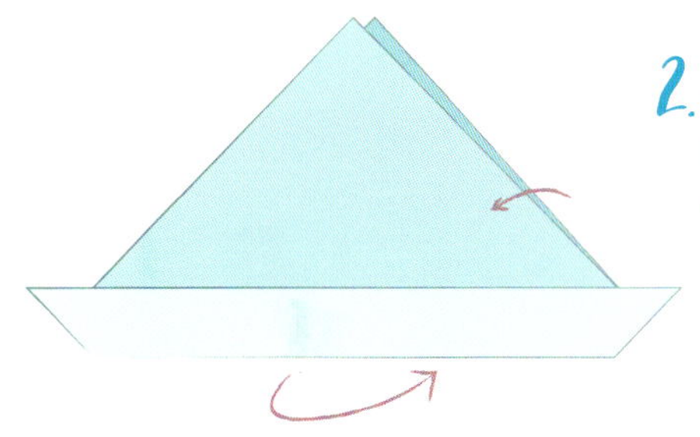

2. Die untere gerade Kante zu einem Fünftel nach oben falten. Dann die Serviette horizontal wenden.

3. Die rechte Ecke kurz vor der oberen Spitze nach links umklappen.

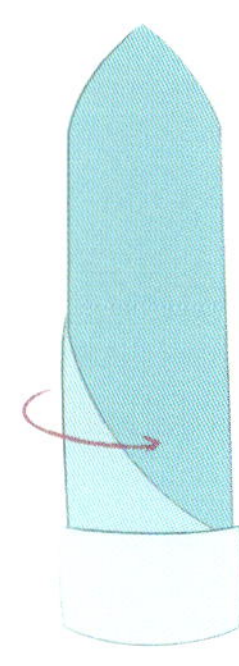

4. Nun die Serviette aufstellen und zusammenrollen. Zum Schluss fixieren Sie das lose Ende mit einer Klammer oder einem Band, damit sich die Kerze nicht wieder aufrollt.

Zweige aus dem Garten lockern die Deko auf.

Blumen in kontrastierenden Farben sind ein Eyecatcher.

Neutrale Farben bringen Ruhe in Ihre Tischgestaltung.

STECKEN SIE EIN QUADRATISCHES STÜCK *BEDRUCKTES ODER GEPRÄGTES PAPIER* MIT DER SPITZE NACH OBEN IN DIE KERZE UND BINDEN SIE EINE *KLEINE SCHLEIFE* AUS SEIDENBAND UM DIE SERVIETTE – DER EFFEKT IST VERBLÜFFEND!

DER VIERFACHE Tafelspitz

Der vierfache Tafelspitz ist eine schlichte Faltform, die zu vielen Dekorationen passt. Ob bei einem Kindergeburtstag, einer Themenparty oder einem großen Dinner – mit dem vierfachen Tafelspitz liegen Sie immer richtig.

1. Falten Sie die Serviette zur Hälfte nach unten.

2. Nehmen Sie die obere Lage der linken unteren Ecke der Serviette und legen Sie sie auf die rechte untere Ecke. Streichen Sie die entstandene Dreiecksform nicht nach.

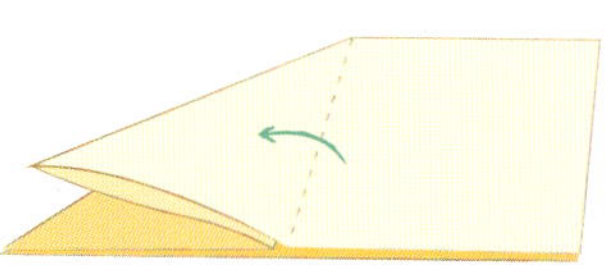

3. Falten Sie den rechten Flügel des entstandenen Dreiecks an der Faltkante in der Mitte zurück nach links.

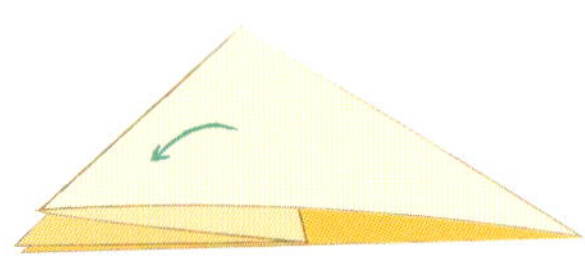

4. Nehmen Sie nun die obere Lage der rechten unteren Ecke und legen Sie sie auf die linke untere Ecke. Streichen Sie die entstandene Form nicht nach.

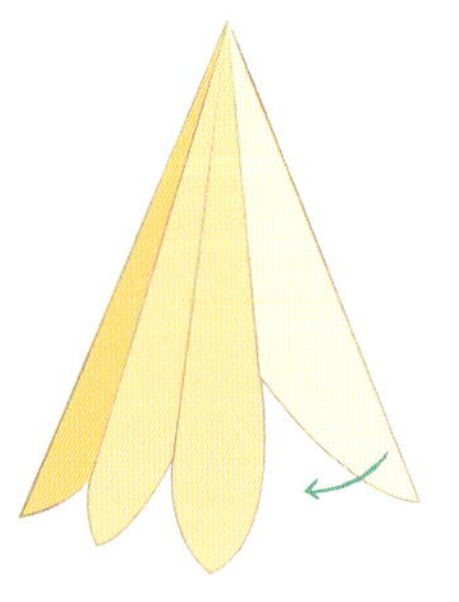

5. Auf der linken Seite sind nun drei Dreiecke und auf der rechten Seite ist ein Dreieck. Legen Sie die rechte Spitze des Dreiecks nach links auf die anderen drei und stellen Sie den vierfachen Tafelspitz auf.

Motto Seefahrt: Schiffe aus Servietten, selbstgestaltete Etiketten und Strohhalme mit Fähnchen.

Dekorieren Sie den Tisch mit Konfetti und Heliumballons.

Sie können das Essen auch in die Deko mit einbeziehen.

Eine Eierschale in einem Eierbecher wird zur niedlichen Blumenvase.

Blumenübertöpfe aus Blech als Kerzenständer verwenden – sie spendan indirektes Licht.

Tischnummern sind bei großen Feiern mit Bedienung hilfreich.

ALLES Liebe UND Gute …

DIE ELEGANTE Schraube

Schwungvoll, edel und elegant – so präsentiert sich die Schraube auf dem gedeckten Tisch. Sie wertet eine schlichte Kaffeetafel auf oder dient als besonders stilvoller Blickfang auf dem Festtagstisch.

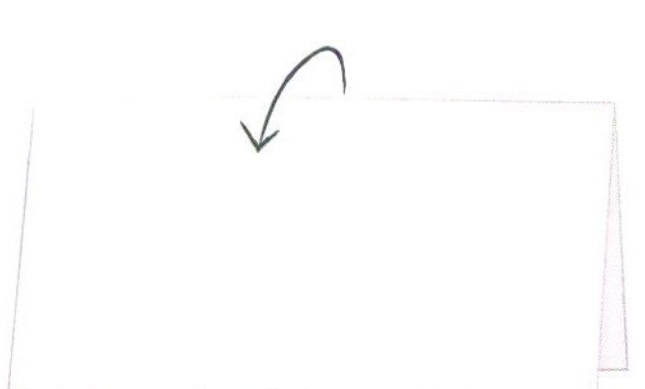

1. Falten Sie die Serviette zur Hälfte nach unten.

2. Nehmen Sie die obere Lage der linken unteren Ecke der Serviette und legen Sie sie auf die rechte untere Ecke. Streichen Sie die entstandene Dreiecksform nicht nach.

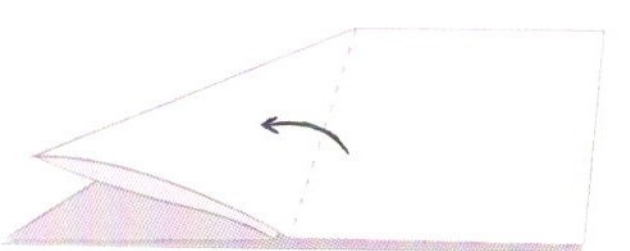

3. Falten Sie den rechten Flügel des entstandenen Dreiecks an der Faltkante in der Mitte zurück nach links.

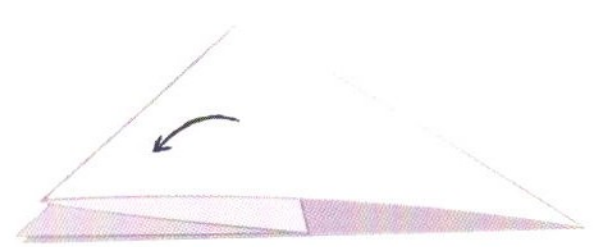

4. Nehmen Sie nun die obere Lage der rechten unteren Ecke und legen Sie sie auf die linke untere Ecke. Streichen Sie die entstandene Form nicht nach.

5. Die Serviette aufstellen, an der oberen Spitze festhalten und die rechten Ecken nacheinander nach hinten einrollen.
Bei der ersten Ecke beginnen Sie mit dem Einrollen direkt oben an der Spitze, bei den anderen drei Ecken jeweils weiter unten. So entsteht eine schraubenartige Form.

DIESE FALTTECHNIK IST AM BESTEN FÜR *STEIFERE STOFFSERVIETTEN* GEEIGNET. ENTROLLT SICH DIE SERVIETTE WIEDER, DANN STECKEN SIE DIE FÄCHER EINFACH MIT EINER *BÜROKLAMMER* FEST.

DIE BISCHOFS-Mitra

Diese Faltform ist der traditionellen Kopfbedeckung der Bischöfe nachempfunden. Sie eignet sich für vielfältige Tischdekorationen und passt thematisch hervorragend zu Feiern an kirchlichen Festtagen.

1. Falten Sie die Serviette zur Hälfte nach unten.

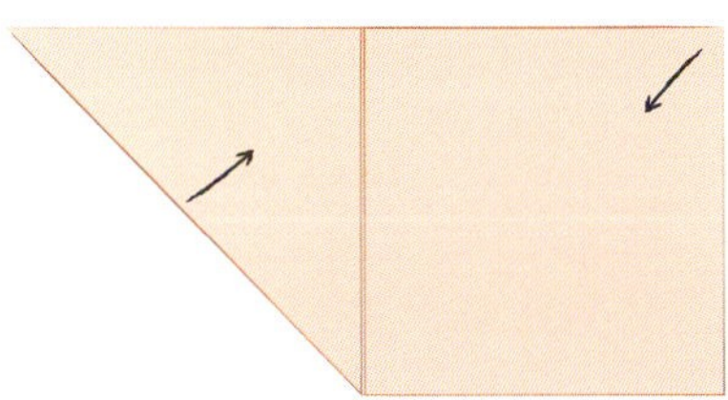

2. Nehmen Sie die linke untere Ecke und falten Sie sie nach rechts zur Mitte hin. Nehmen Sie die rechte obere Ecke und falten Sie sie nach links zur Mitte hin.

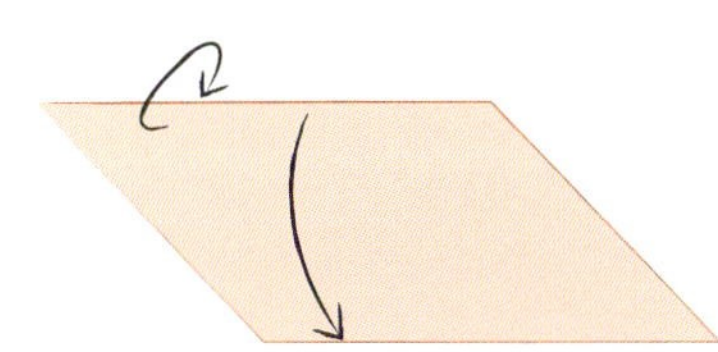

3. Wenden Sie die Figur und drehen Sie sie um 90 ° nach rechts. Falten Sie die obere Kante auf die untere Kante. Dabei das rechte hintere Dreieck nicht mitfalten und das linke nach oben ziehen, sodass beide Spitzen sichtbar sind.

4. Stecken Sie die rechte untere Ecke hinter das vordere Dreieck und wenden Sie die Figur danach horizontal.

5. Stecken Sie nun die rechte untere Ecke hinter das vordere Dreieck.

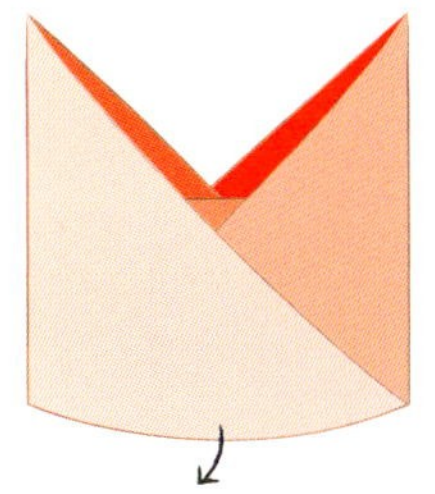

6. Öffnen Sie die Mitra, indem Sie die unteren Kanten nach außen auseinanderziehen.

Dekorieren Sie mit **Naturmaterialien**, wie Tannenzapfen oder Holz.

Ein **Einmachglas** mit einer Kerze und einer Schleife aus Paketband.

Aufgewertet: Eine Schnur mit Schleife um eine Kerze und etwas Spitze um ein Einmachglas.

HERZLICHEN GLÜCKWUNSCH

DIE GEÖFFNETE Tulpe

Diese Servietten-Faltform kommt besonders gut zur Geltung, wenn Sie Stoffservietten mit Spitzen- oder Ornamentmuster verwenden.

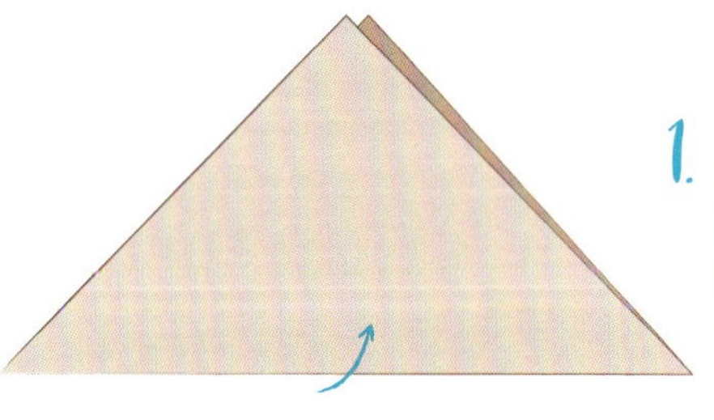

1. Legen Sie die Serviette mit der bedruckten Seite nach unten und falten Sie sie diagonal nach oben, sodass ein Dreieck entsteht.

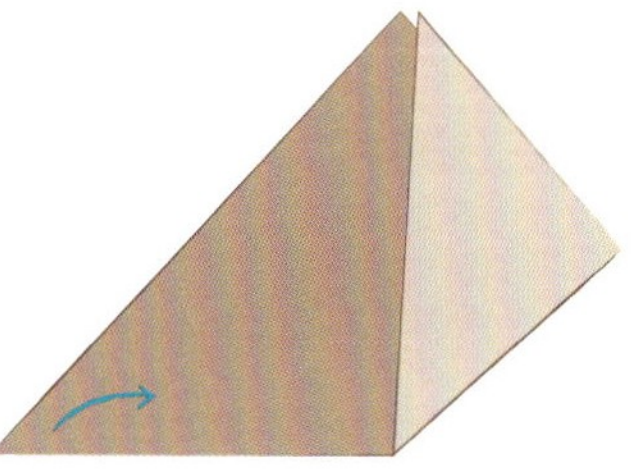

2. Falten Sie die rechte und die linke untere Spitze zur oberen Spitze hin, sodass Sie ein Quadrat erhalten.

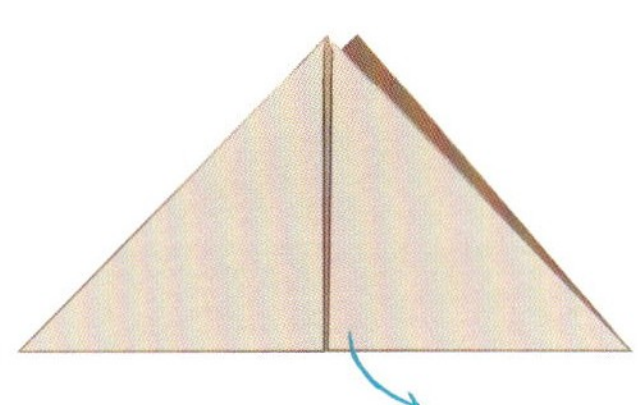

3. Falten Sie die untere Spitze nach hinten zur oberen Spitze.

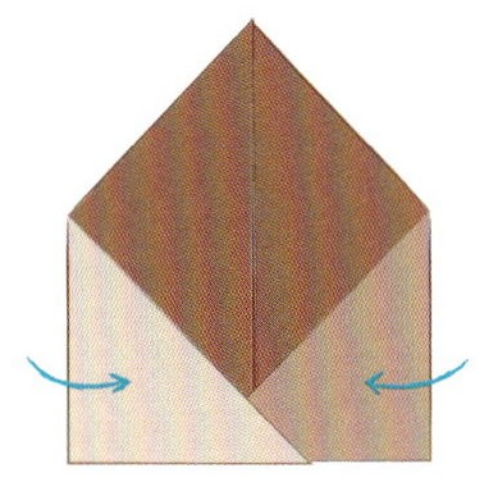

4. Wenden Sie die Serviette horizontal. Nehmen Sie nun die rechte und die linke Spitze, klappen Sie sie nach vorne und stecken Sie sie ineinander. Fixieren Sie die beiden Enden eventuell mit einer Stecknadel.

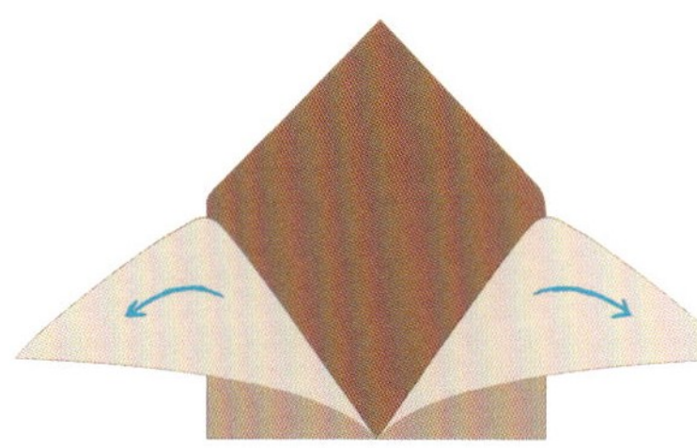

5. Wenden Sie die Serviette wieder horizontal und ziehen Sie abschließend die beiden losen Spitzen nach unten.

Blumengestecke in Holzkisten sind ein Hingucker.

Einmachgläser mit bunten Strohhalmen passen zum Retro-Look.

Basteln Sie aus Äpfeln stimmungsvolle Teelichthalter.

SERVIETTEN MIT ORNAMENTEN ENFALTEN EINE EIGENE WIRKUNG, SODASS KEINE ZUSÄTZLICHEN DEKO-ELEMENTE NÖTIG SIND.

Essen IST EIN
BEDÜRFNIS, Genießen
EINE KUNST.

Hängen Sie an den Sitzplatz jeweils ein Schild mit Mr. oder Mrs.

Basteln Sie aus alten Glühbirnen hängende Blumenvasen.

Kleine Herzen und Schmetterlinge als Namensschilder an Gläsern.

Gesucht UND gefunden – IN Liebe VERBUNDEN

DIE FRANZÖSISCHE Lilie

In anmutiger traditioneller Faltweise erinnert die französische Lilie an die Fleur-de-Lys, das bekannteste Symbol der französischen Monarchie. Wählen Sie hierfür große, gut gestärkte Servietten, um die Lilie in Form zu halten.

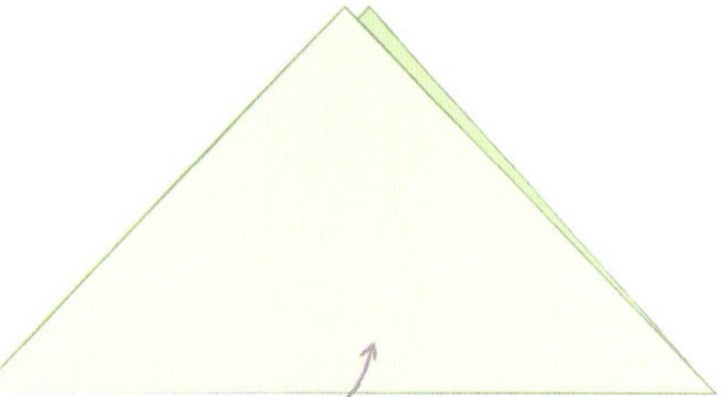

1. Falten Sie die Serviette diagonal nach oben, sodass ein Dreieck entsteht.

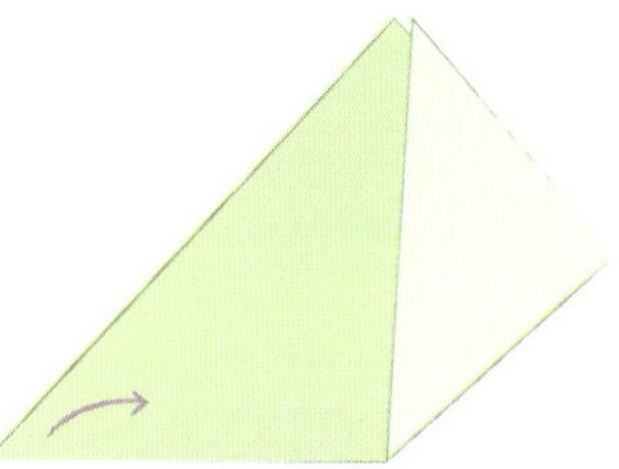

2. Falten Sie die rechte und die linke untere Spitze zur oberen Spitze hin, sodass Sie ein Quadrat erhalten.

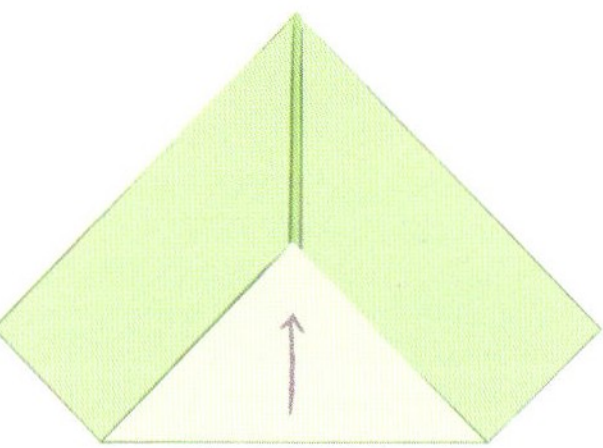

3. Die untere Spitze des entstandenen Quadrats zur Hälfte nach oben in die Mitte falten.

4. Die Spitze des nun entstandenen vorne liegenden Dreiecks nach unten zur geraden Kante hin falten.

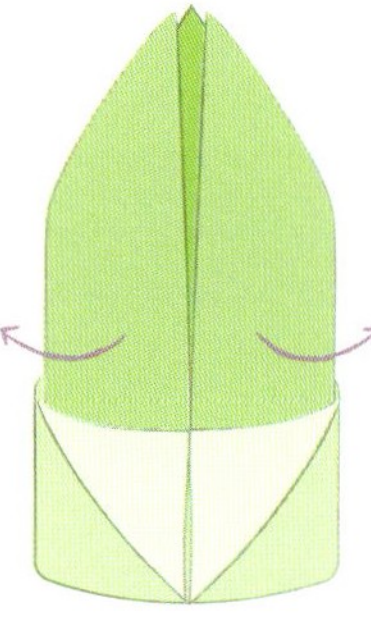

5. Die Serviette aufstellen, nach hinten zusammenrollen und die Spitzen ineinander stecken. Eventuell das lose Ende mit einer Klammer befestigen, damit sich die Lilie nicht wieder aufrollt.

6. Die obenliegenden losen Spitzen nun nach unten ziehen.

MIT EINER *KLEINEREN SERVIETTE IN KONTRASTFARBE*, DIE IN DIE LILIE GESTECKT WIRD, SIEHT DIE GEFALTETE SERVIETTE NOCH EDLER AUS.

DER STACHLIGE *Igel*

Diese einfache, aber äußerst elegante Faltform kommt am besten mit einfarbigen Servietten zur Geltung. Aber auch mit mehrfarbigen können Sie ganz gezielt Akzente setzen.

1. Legen Sie die geschlossene Serviette diagonal auf den Tisch, sodass die offenen Kanten nach oben zeigen.

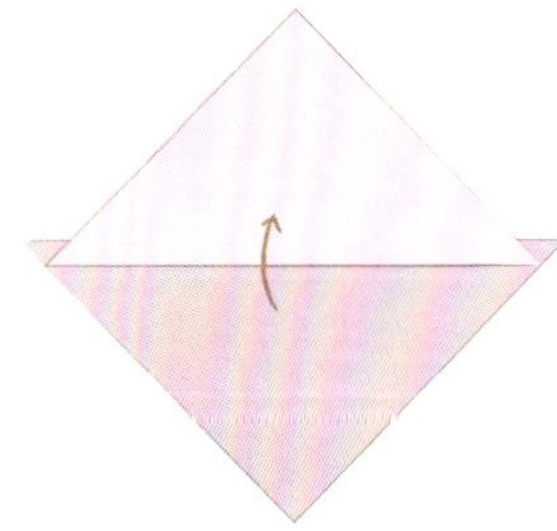

2. Die oberen Ecken zusammen nach unten falten und dann das oberste Dreieck bis etwa 3 cm unter die obere Kante wieder nach oben falten.

3. Die restlichen drei Lagen ebenfalls nach oben falten, allerdings mit immer größeren Abständen zur oberen Kante. Die Serviette horizontal wenden.

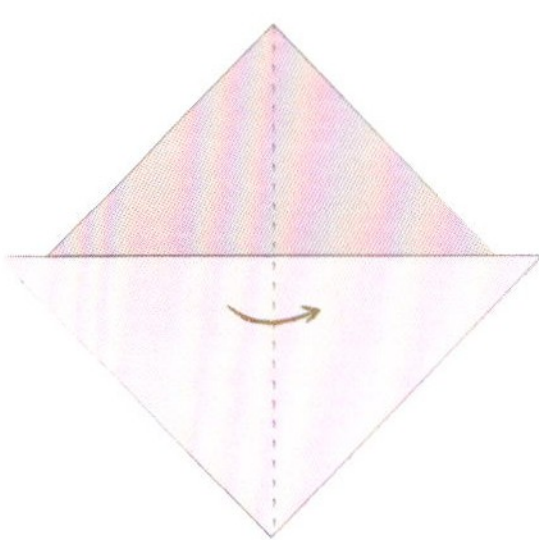

4. Falten Sie die Serviette vertikal in der Mitte, indem Sie die linke Ecke auf die rechte Ecke legen.

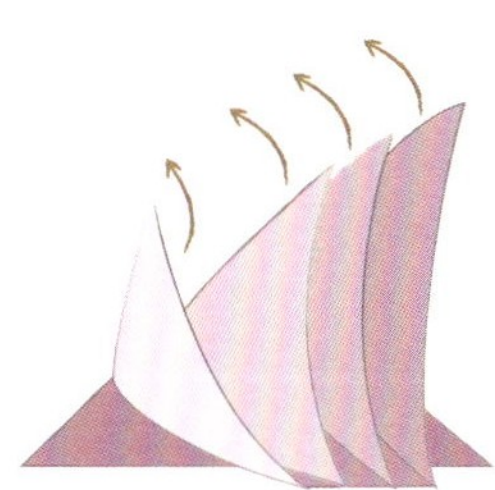

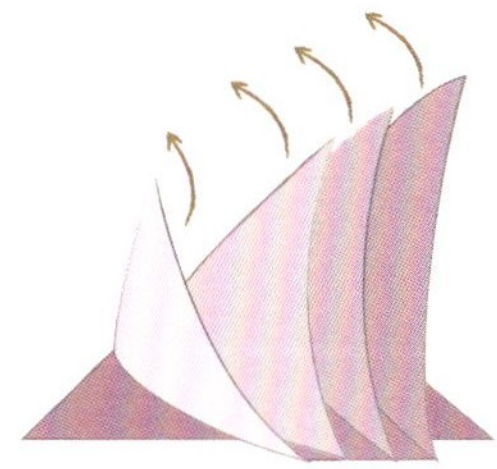

5. Richten Sie die Serviette nun auf und ziehen Sie die Spitzen nach vorne. Zum Schluss die „Stacheln" noch etwas in Form bringen.

AM BESTEN EIGNET SICH FÜR DEN IGEL EINE *STOFFSERVIETTE* MIT DEN MASSEN *50 x 50 CM.*

Verwenden Sie viele kleine Lichtquellen, z.B. verschiedene Lichterketten.

Wenn Sie keine Hussen haben, können Sie die Stühle mit bunten Schleifen dekorieren.

Gegen Langeweile: Für Kinder Stifte und Papier bereitstellen.

Beziehen Sie in Ihre Deko eine LED-Lichterkette mit ein.

Sie können Anhänger auch als Streu-Deko verwenden.

Verwenden Sie Weihnachtskugeln als Namenskärtchen.

DER *Hut* MIT KREMPE

Diese schöne Faltform ähnelt dem Spitzhut und wirkt am besten in dunklen Unitönen. Als „Special Effect" können Sie ein kleines Gastgeschenk darunter verbergen …

1. Falten Sie die Serviette zur Hälfte nach unten.

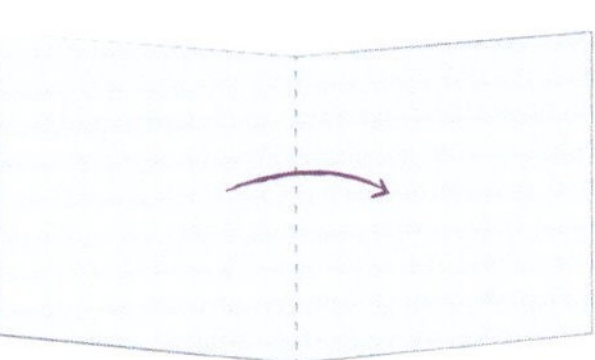

2. Falten Sie die linke Hälfte zur rechten Kante und öffnen Sie die Serviette wieder. Der Knick dient zur Orientierung.

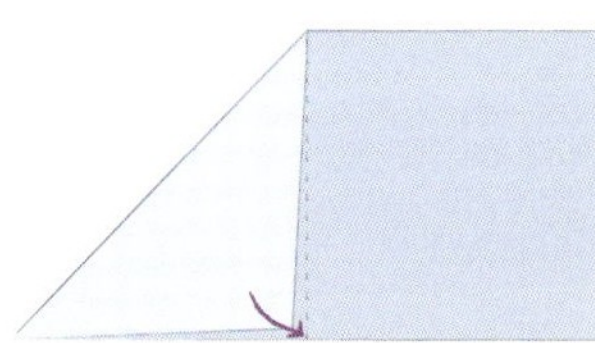

3. Falten Sie die obere linke Kante zum Knick nach unten, sodass auf der linken Seite ein Dreieck entsteht.

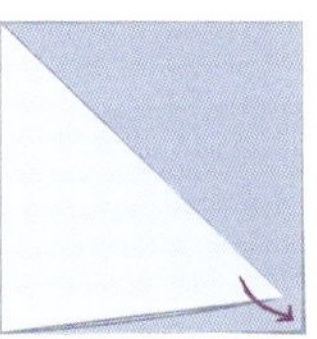

4. Falten Sie die linke untere Ecke des Dreiecks zur Ecke rechts unten.

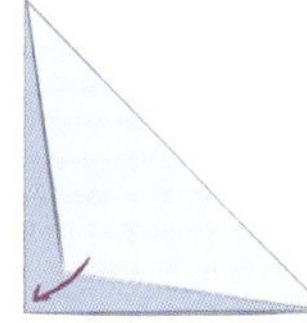

5. Falten Sie dann die rechte obere Ecke nach links unten, sodass eine Dreiecksform entsteht.

6. Stülpen Sie den unteren Teil des Dreiecks ca. 3 cm breit nach außen um. Stellen Sie nun den Hut auf und ziehen Sie die nach oben stehenden Spitzen auseinander.

VERWENDEN SIE BEIM FALTEN DES HUTES EINE *GESTÄRKTE STOFFSERVIETTE* ODER EINE FESTE MEHRLAGIGE *PAPIERSERVIETTE*, DAMIT ER EINEN BESSER STAND HAT.

DER HAHNENkamm

Ein eindrucksvolles Faltmuster, das Sie am besten für kleinere Runden wählen: Der Hahnenkamm verleiht auch einem einfachen Abendessen einen ganz besonderen Rahmen.

1. Falten Sie die Serviette zur Hälfte nach unten.

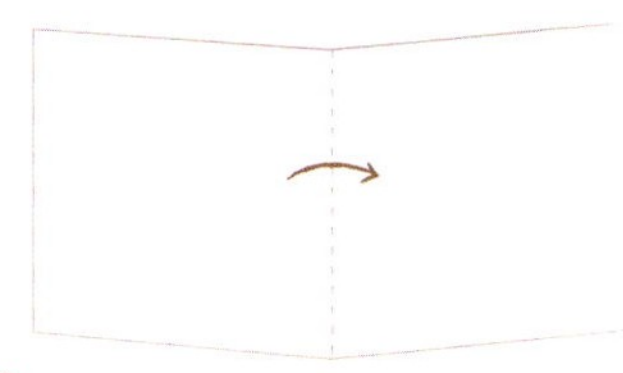

2. Falten Sie die linke Hälfte zur rechten Kante, sodass ein Quadrat entsteht.

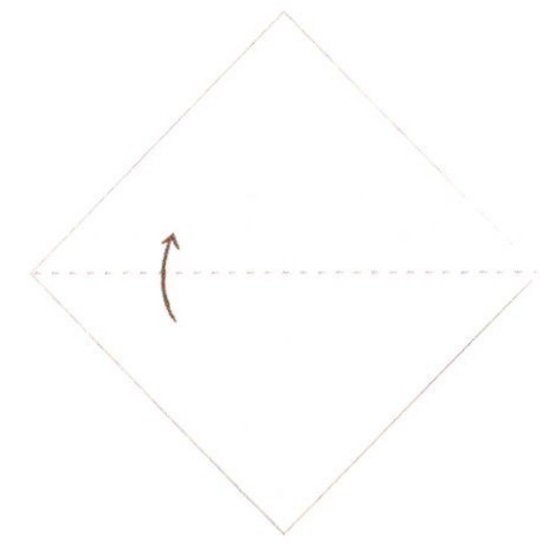

3. Drehen Sie die Spitze mit den offenen Kanten nach unten und falten Sie die untere Ecke auf die obere Ecke.

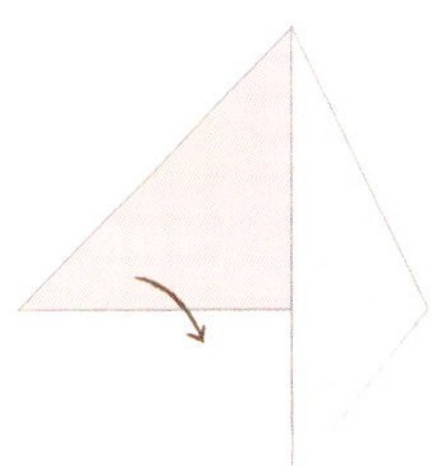

4. Falten Sie die rechte und die linke untere Ecke jeweils nach unten zur Mitte hin.

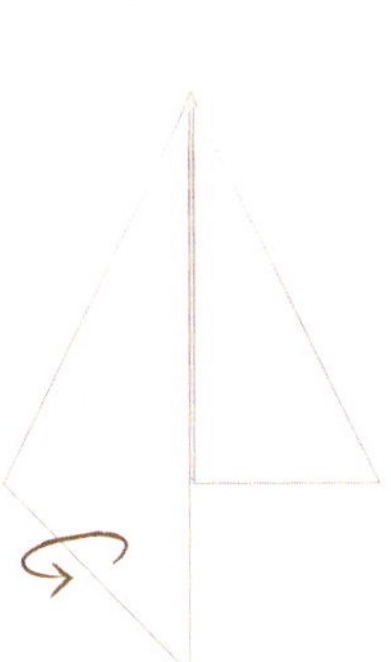

5. Falten Sie nun die nach unten stehenden Spitzen nach hinten, sodass ein Dreick entsteht.

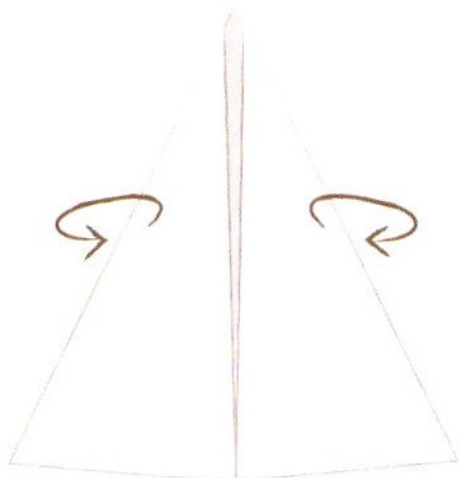

6. Falten Sie die Serviette in der Mitte nach hinten zusammen.

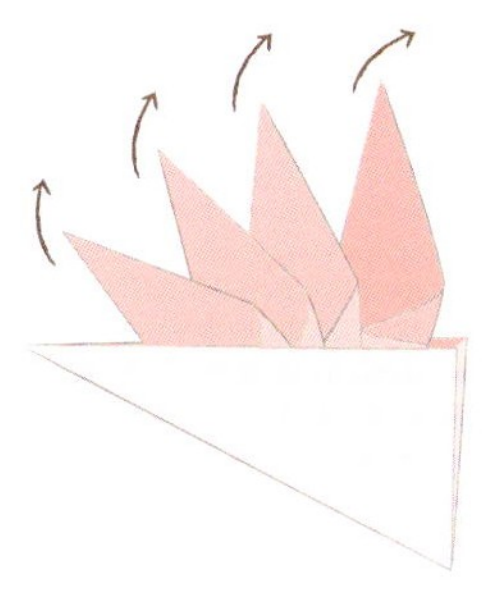

7. Halten Sie die Serviette an der rechten unteren Ecke zusammen und ziehen Sie vorsichtig eine Ecke nach der anderen nach oben, sodass sie aufrecht stehen.

Dekorieren Sie leere Flaschen und verwenden Sie diese als Vasen.
Farblich passende Pompons sind ein lustiges Deko-Element.
Sie können das Essen auch farblich in die Deko einbeziehen.
WER NICHT genießt, IST ungenießbar.

Aus bemalten Einmachgläsern können Sie Windlichter basteln.

Fantasievolle Blumengestecke bereichern jede Dekoration.

Basteln Sie aus Transparentpapier Überzüge für Ihre Windlichter.

DIE WÜRDEVOLLE Krone

Die Krone ist eine echte Herausforderung und erfordert Übung und Geschick. Wer sie falten möchte, sollte entweder stabile Papierservietten verwenden oder gut gestärkte Stoffservietten!

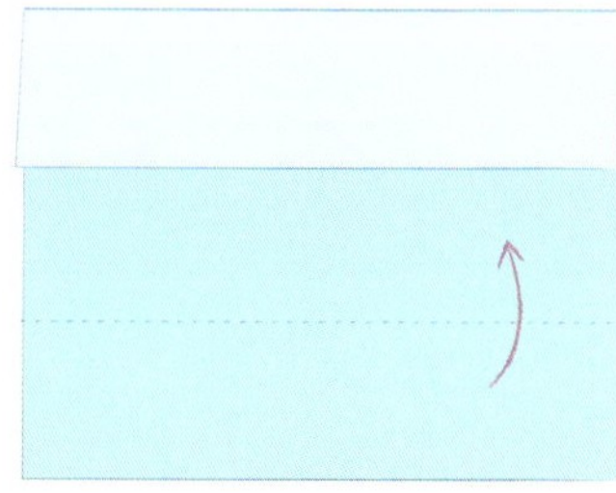

1. Legen Sie die geöffnete Serviette vor sich auf den Tisch. Falten Sie die obere und die untere Kante zur Mitte hin, sodass sie sich in der Mitte treffen.

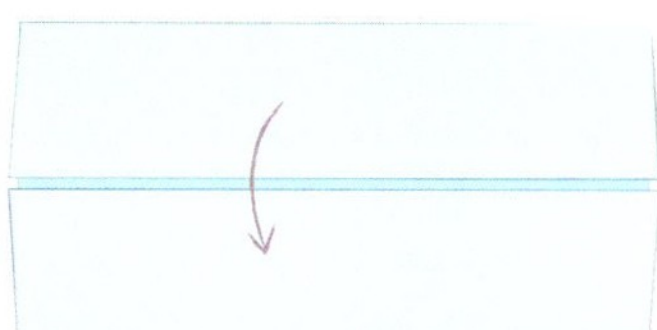

2. Falten Sie nun die obere Hälfte nach unten.

3. Falten Sie die Serviette noch einmal in der Mitte nach rechts.

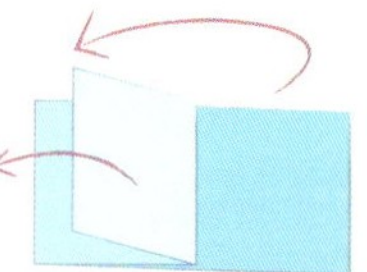

4. Falten Sie die rechte obere Lage mit der Kante nach links. Wenden Sie die Serviette und wiederholen Sie den Schritt auf der anderen Seite.

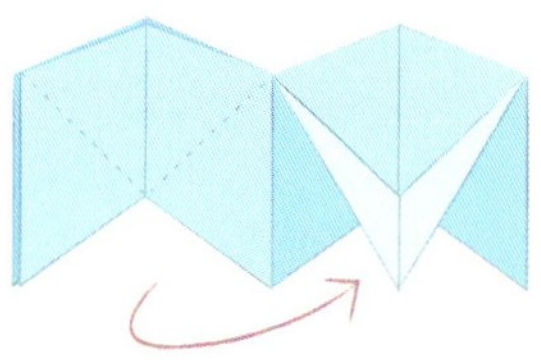

5. Stellen Sie die Serviette aufrecht hin, ziehen Sie sie leicht auseinander und drehen Sie sie wie gezeigt. Ziehen Sie die innenliegende Lage der oberen rechten Spitze ganz nach unten zur Kante. Wiederholen Sie den Schritt auch auf der linken Seite und drehen Sie die Serviette horizontal um 180°.

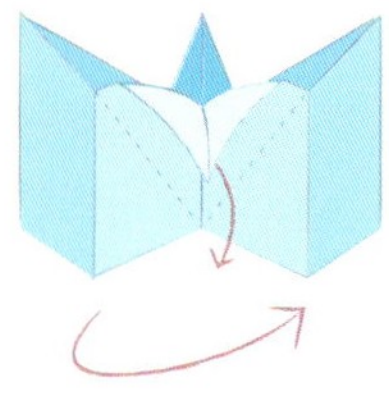

6. Ziehen Sie die innenliegende Mittelkante ganz nach unten. Klappen Sie die Serviette zusammen, drehen Sie sie um 90° nach rechts und legen Sie sie flach hin.

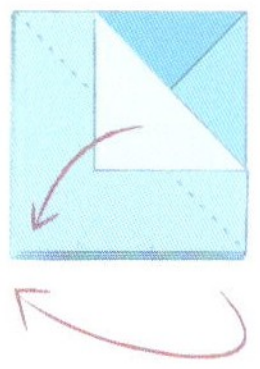

7. Falten Sie die obere rechte Ecke der oberen Lage auf die linke untere Ecke. Wenden Sie die Serviette und falten Sie die obere linke Ecke der oberen Lage auf die rechte untere Ecke.

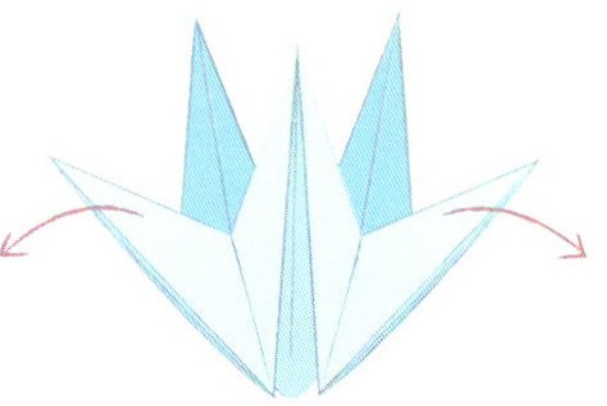

8. Stellen Sie die Serviette mit den Spitzen nach oben hin, sodass die Mittelkanten der drei Dreiecke zu Ihnen zeigen. Drücken Sie die oberen Spitzen des linken und rechten Dreiecks nach unten.

DER SERVIETTEN-Stern

Mit dem wunderschönen Faltstern verwandelt sich jeder Tisch im Nu in eine Festtagstafel! Natürlich ist er vor allem zur Advents- und Weihnachtszeit ein beliebtes Deko-Element.

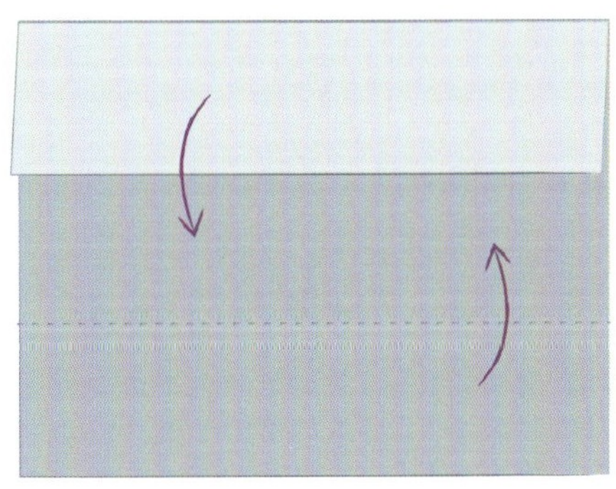

1. Legen Sie die geöffnete Serviette vor sich auf den Tisch. Falten Sie die obere und die untere Kante der Serviette zur Mitte hin, sodass sie sich in der Mitte treffen.

Stellen Sie das Glas auf den Kopf, um es vor Staub zu schützen.

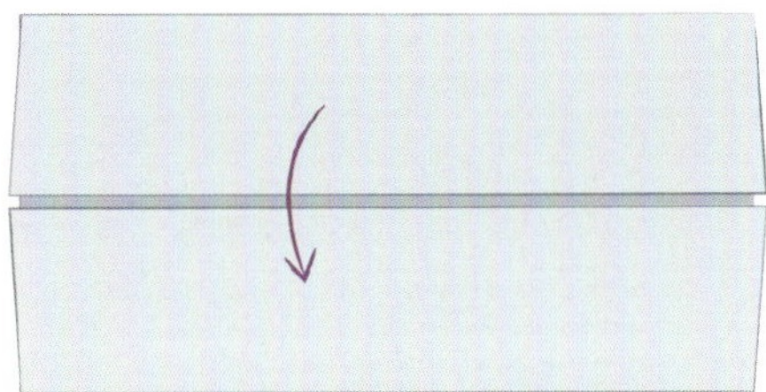

2. Falten Sie die Serviette noch einmal in der Mitte nach unten.

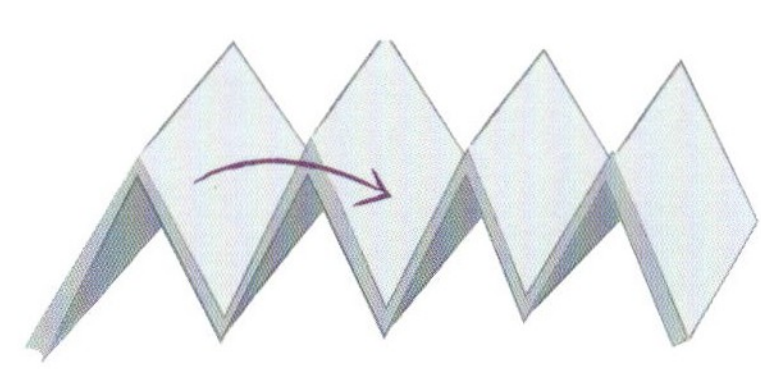

3. Teilen Sie die Serviette in acht gleich große Teile und falten Sie sie wie eine Ziehharmonika. Nehmen Sie die gefaltete Serviette nun so in die Hand, dass die offene Kante nach oben zeigt.

Mixen Sie traditionelle mit moderner Dekoration.

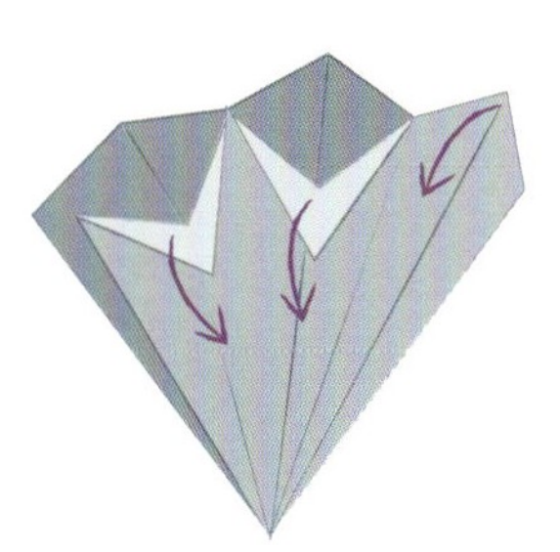

4. Klappen Sie in jeder Falte jeweils ein kleines Dreieck nach unten. Wenden Sie das Ganze und klappen Sie auch auf der Rückseite in jeder Falte ein kleines Dreieck nach unten. Nun müssen Sie die Serviette nur noch wie einen Fächer auseinander ziehen und aufstellen.

Ein Teelichthalter aus Holz schafft eine rustikale Atmosphäre.

FÜR DIESE EINFACHE UND DOCH BEEINDRUCKENDE FALTTECHNIK *EIGNET* SICH EINE EINFARBIGE ODER *WEISSE SERVIETTE* AM BESTEN.

Prost! SANTÉ!
SALUD! CHEERS!

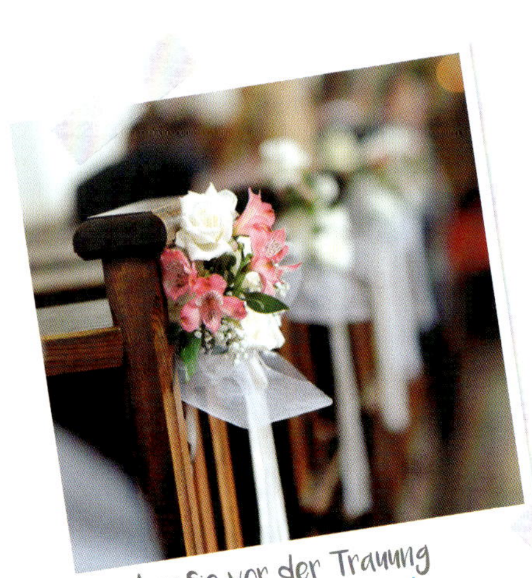

Denken Sie vor der Trauung an die Dekoration der Kirche.

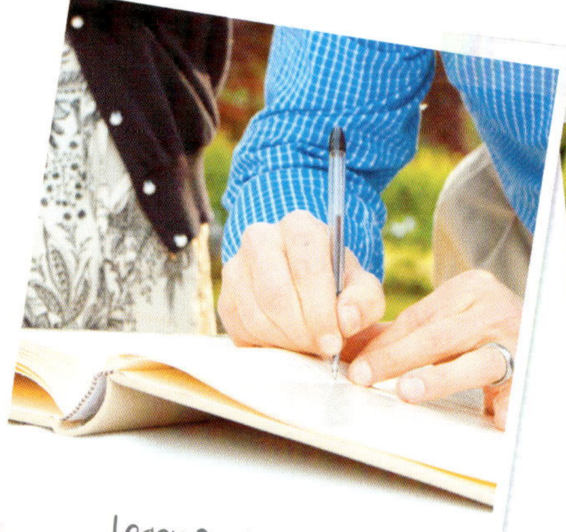

Legen Sie für Ihre Gäste ein Gästebuch bereit.

wedding
Smile
&
make
photo

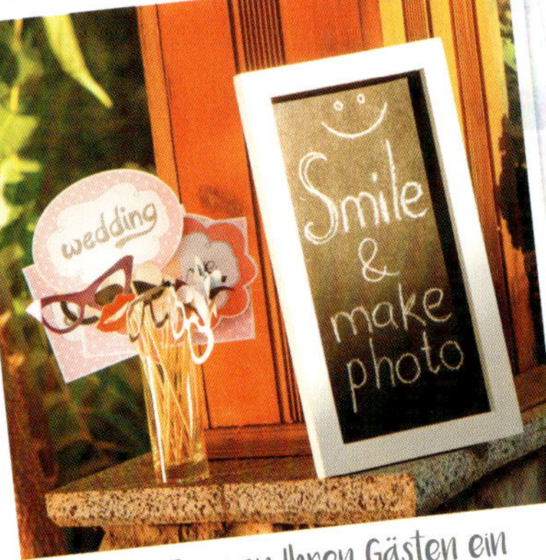

Machen Sie von Ihren Gästen ein schönes Erinnerungsfoto.

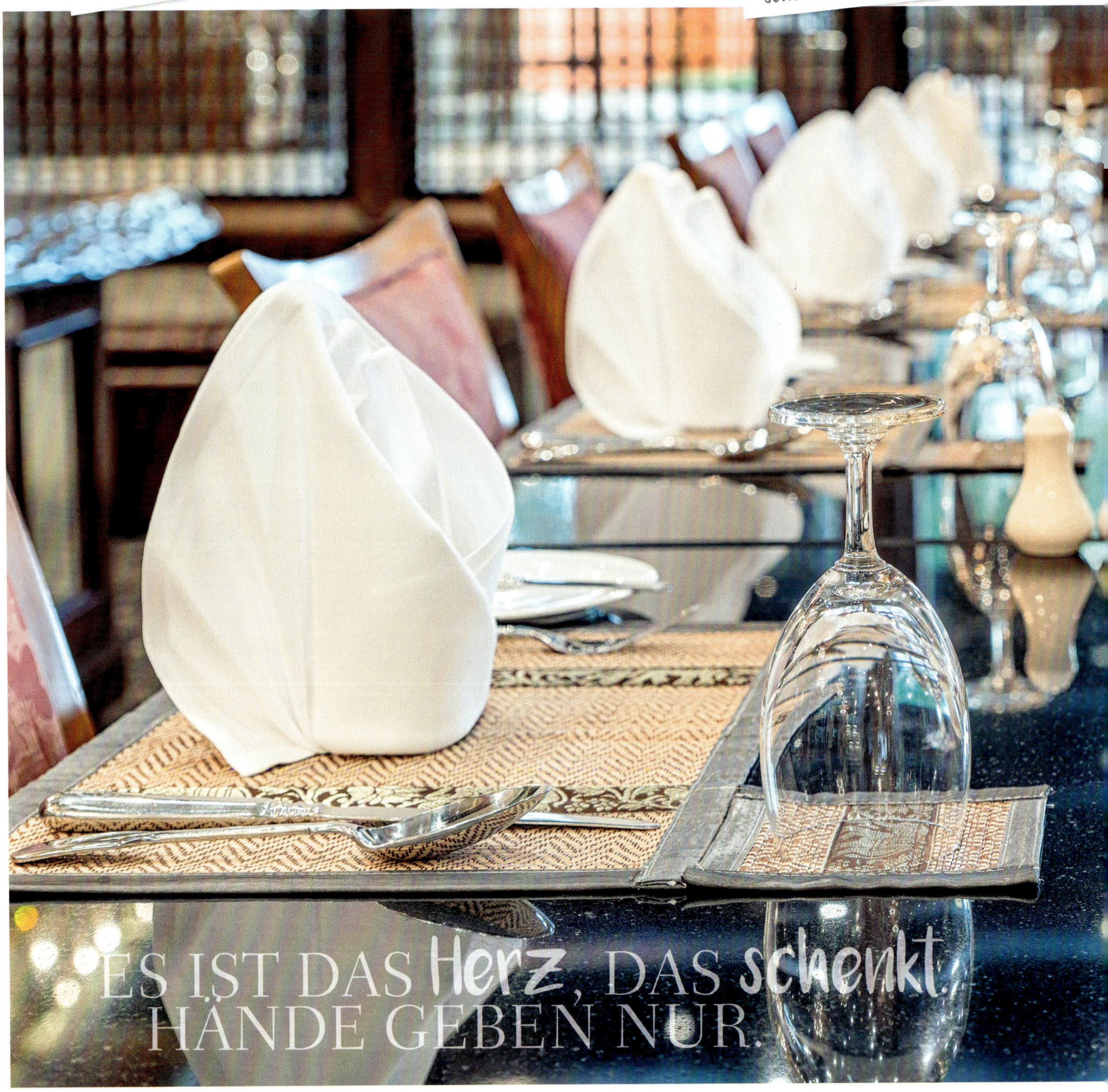
ES IST DAS Herz, DAS schenkt.
HÄNDE GEBEN NUR.

DER EITLE Pfau

Auf einer Hochzeitstafel kommt die Schönheit des Pfaus besonders gut zur Geltung, vor allem wenn er in edlem Weiß gefaltet ist. Und ein bisschen Eitelkeit kann nicht schaden …

1. Falten Sie die ausgebreitete Serviette zur Hälfte nach unten.

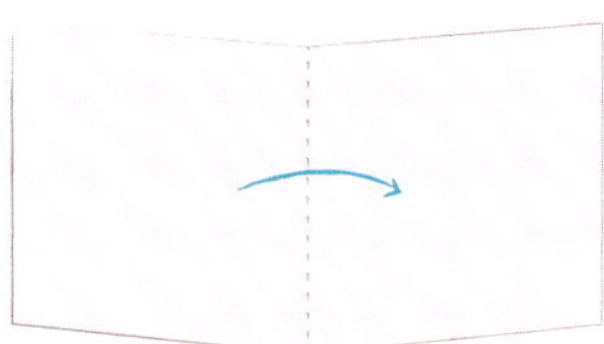

2. Falten Sie die linke Seite auf die rechte Seite und drehen Sie die Serviette so, dass die offenen Spitzen nach oben zeigen.

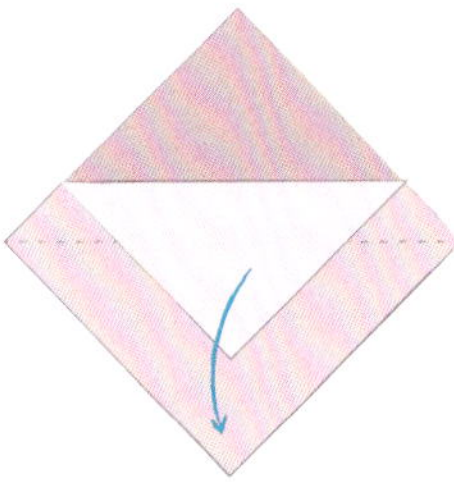

3. Falten Sie die erste Lage des oberen Dreiecks auf die untere Spitze.

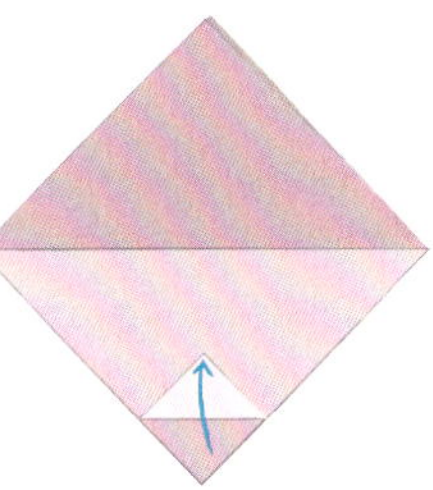

4. Falten Sie die erste Lage der unteren Spitze 3–4 cm nach oben.

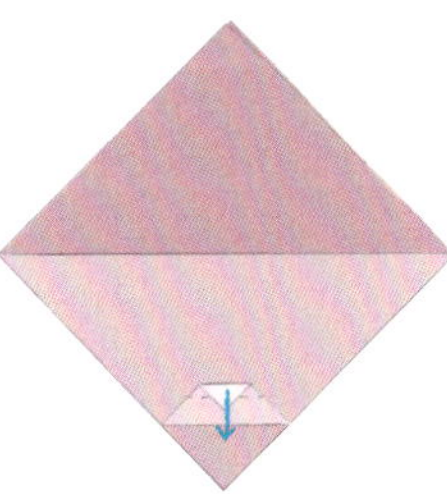

5. Falten Sie die obere Spitze des nach oben gefalteten Dreiecks wieder nach unten auf dessen Kante. Wiederholen Sie die Schritte 4 und 5 mit der gleichen Lage so lange, bis Sie in der Mitte der Serviette angekommen sind.

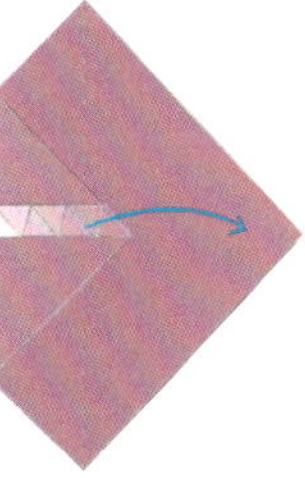

6. Wenden Sie die Serviette horizontal und falten Sie die linke Spitze nach rechts, sodass ein Dreieck entsteht.

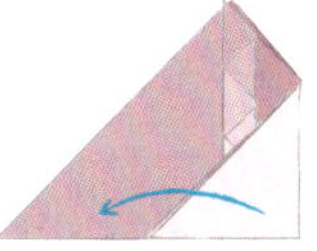

7. Drehen Sie das Dreieck um 90° nach links und falten Sie die rechte Spitze nach links.

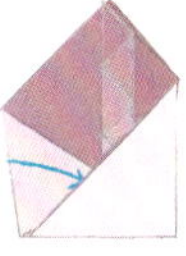

8. Stecken Sie die linke Spitze in das bei Schritt 7 entstandene Dreieck und stellen Sie die Serviette auf.

DER FARBIGE Fächer

Für diese frühlingshafte Serviettentechnik benötigen Sie zwei Servietten in unterschiedlichen Größen und Farben. Die Wirkung ist einfach umwerfend!

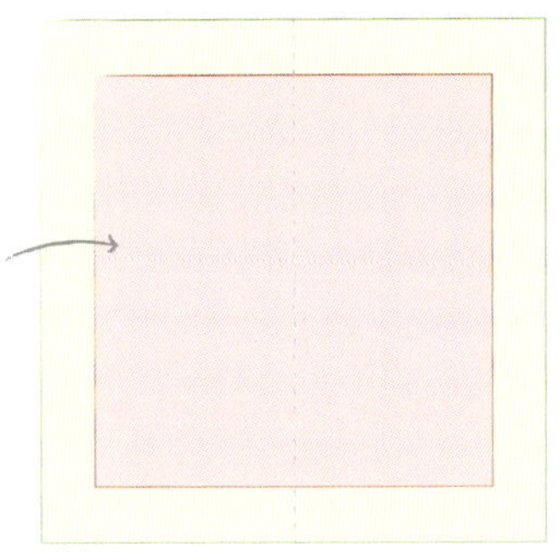

1. Falten Sie jeweils eine große und eine kleine Serviette separat in der Mitte nach rechts.

2. Legen Sie die kleinere Serviette wie abgebildet auf die größere. Die beiden unteren Kanten sollten bündig miteinander abschließen.

3. Falten Sie die unteren Kanten der Servietten etwa 3–4 cm nach oben.

4. Falten Sie die untere Kante der Serviette noch einmal nach oben, diesmal aber etwa 6–8 cm. Falten Sie sie danach wieder 3–4 cm nach unten.

5. Wiederholen Sie diese Zickzack-Faltung noch 1- bis 2-mal und wenden Sie danach die Serviette horizontal.

6. Falten Sie den Zickzack-Teil der Serviette von hinten nach vorne und wenden Sie die Serviette erneut.

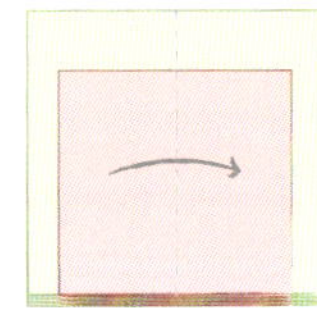

7. Falten Sie die linke Hälfte der Serviette nach rechts.

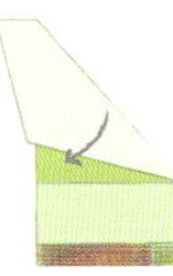

8. Falten Sie die rechte obere Ecke des enstandenen Rechtecks nach unten.

9. Falten Sie den oberen Teil nach unten. Drehen Sie alles nach rechts und klappen Sie den Fächer auf.

Hängende Blumen-Deko: Reagenzgläschen mit einzelnen Blüten werden an Nylonfäden aufgehängt.

Mit Lampions erzeugen Sie eine romantische Stimmung.

Ein Deko-Vogelkäfig passt gut zum romantischen Ambiente.

FRÜHLING IST, WENN DIE Seele bunt DENKT.

Maritime Gegenstände und Farben unterstützen das Motto.

Kerzen gehören zu einer romantischen Dekoration dazu.

Basteln Sie Platzkärtchen, die zum Motto passen.

GLÜCK IST WIE DAS MEER – DIE WELLEN KOMMEN AUCH IMMER WIEDER.

DAS EINFACHE Dreieck

Das Dreieck ist eine schlichte Serviettenform, die besonders gut bei Motto-Dekorationen zur Geltung kommt: Nehmen Sie blaue Servietten für einen maritimen Tisch, farbige für einen frühlingshaften Tisch oder mit Motiven bedruckte für Kindergeburtstage.

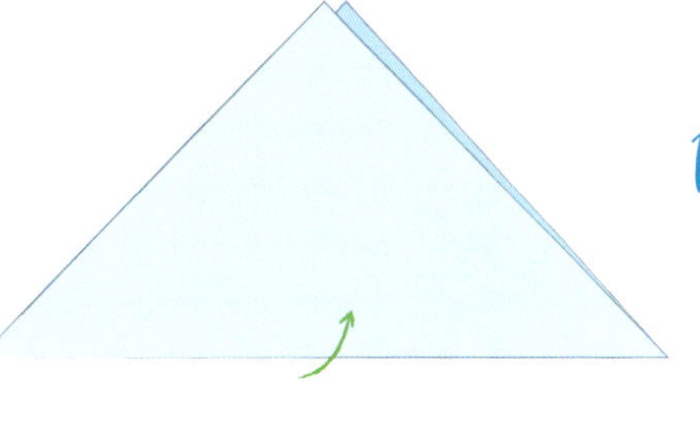

1. Die Serviette diagonal nach oben falten, sodass ein Dreieck entsteht.

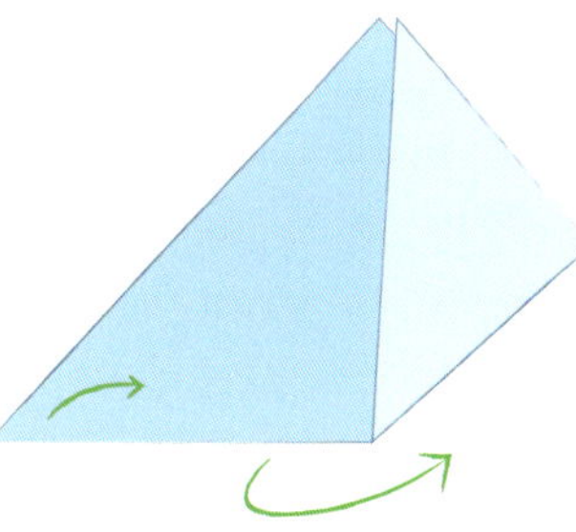

2. Die rechte und die linke Ecke zur mittleren Spitze nach oben falten. Danach die Serviette horizontal wenden.

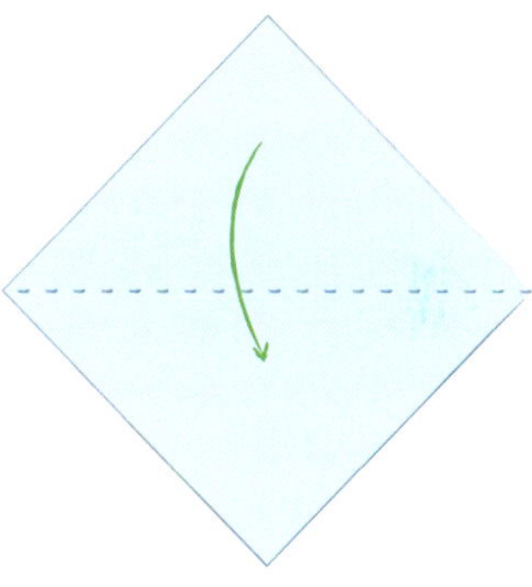

3. Falten Sie die obere Spitze nach unten falten und drehen Sie die Serviette um 180°.

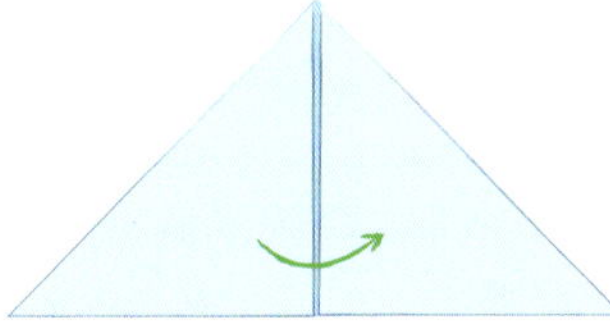

4. Die linke Ecke auf die rechte Ecke falten, sodass ein rechtwinkliges Dreieck entsteht.

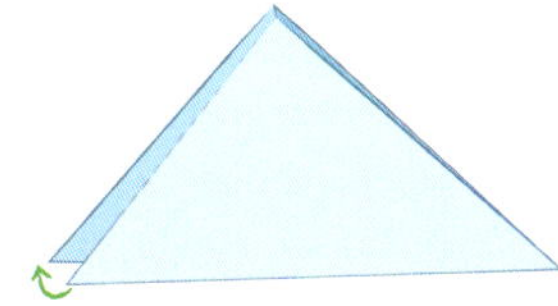

5. Die Serviette nach rechts kippen, sodass sie auf der langen Kante steht. Die offenstehende Ecke zum Schluss noch etwas zusammendrücken.

ÜBERLADEN SIE DEN TISCH NICHT MIT *DEKO-ELEMENTEN* UND LASSEN SIE DIE *GEFALTETE SERVIETTE* FÜR SICH WIRKEN.

DIE EDLE Rose

Die Rose ist das Symbol der Liebe und passt somit hervorragend auf die Hochzeitstafel. Aber auch bei anderen Gelegenheiten macht sie eine gute Figur!

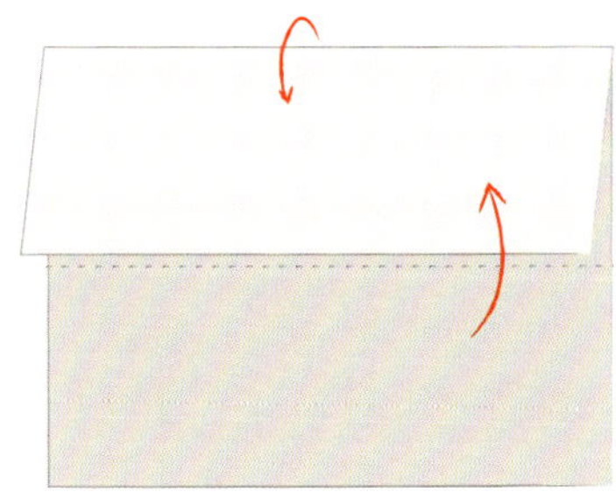

1. Falten Sie das obere Drittel der Serviette nach unten und das untere Drittel darüber nach oben.

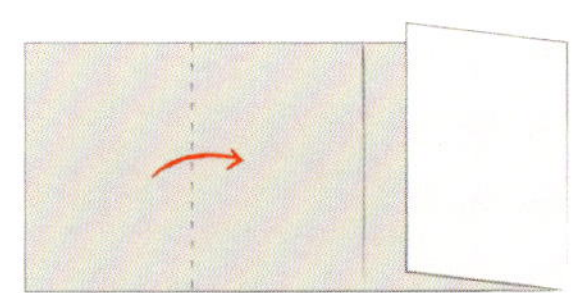

2. Falten Sie die rechte Kante zur Mittellinie. Wiederholen Sie diesen Schritt auch mit der linken Seite.

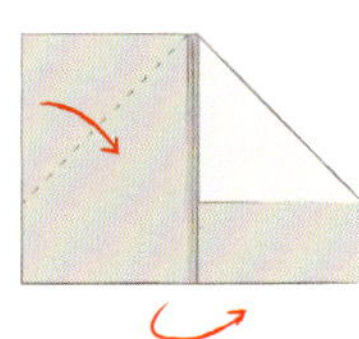

3. Falten Sie die rechte obere Ecke zur Mitte hin, sodass ein Dreieck entsteht. Wiederholen Sie diesen Schritt auch mit der linken oberen Ecke und wenden Sie dann die Serviette.

4. Falten Sie die rechte untere Ecke zur Mitte hin und wiederholen Sie diesen Schritt mit der linken Seite.

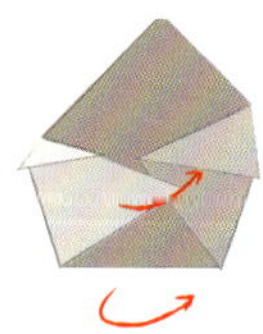

5. Stecken Sie die Spitze des linken Dreiecks in die entstandene Lasche des rechten Dreiecks hinein und stellen Sie die Serviette auf.

VERWENDEN SIE EINE AUSREICHEND *GROSSE UND GESTÄRKTE* SERVIETTE, DAMIT DIE ROSE EINEN GUTEN STAND HAT.

Dekorieren Sie Kerzen, Tannenzapfen usw. auf einem Tablett – so wird die Deko transportabel.
Dekorieren Sie herbstlich mit Laub, Nüssen oder Kastanien.
Auch Vogelbeeren eignen sich zur Deko – aber nicht zum Essen!

WEIL wir
zusammenGEHÖREN!

DIE SCHÖNE Seerose

Diese traumhaft schöne Tischdekoration verleiht jeder Hochzeitstafel einen noblen Charakter. Wählen Sie Servietten in hellen Farben, um dies noch zu unterstreichen.

1. Falten Sie die „edle Rose", wie auf Seite 38 beschrieben.

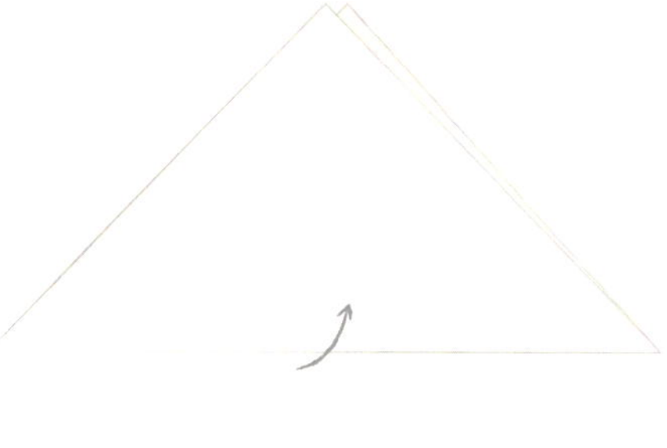

2. Falten Sie die Serviette diagonal nach oben, sodass ein Dreieck entsteht.

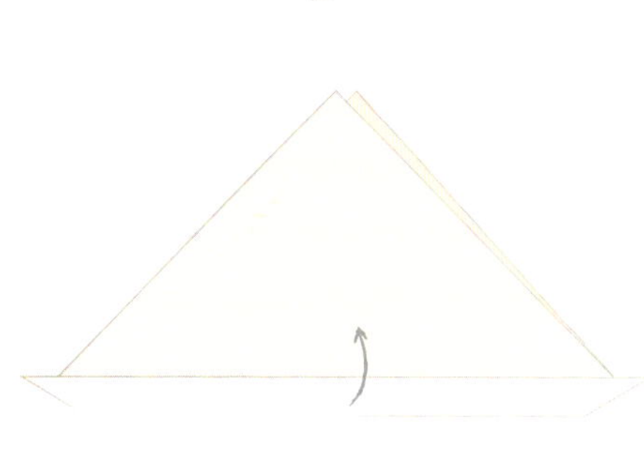

3. Die untere gerade Kante zu einem Fünftel nach oben falten und die Serviette weiter im Zickzack nach oben falten.

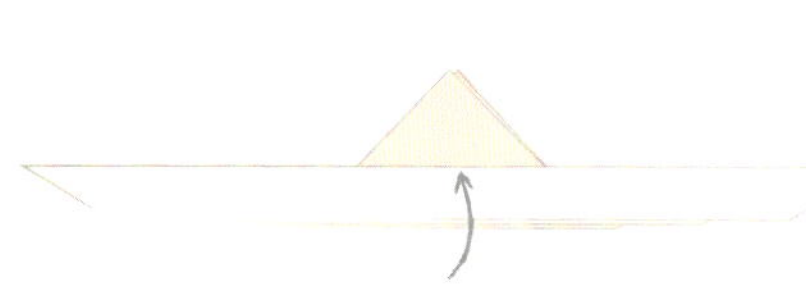

4. Falten Sie die Serviette solange im Zickzack nach oben, bis nur noch ein kleines Dreieck oben zu sehen ist.

5. Die Serviette in der Mitte zusammenfalten und die oberen Spitzen etwas zusammendrücken.

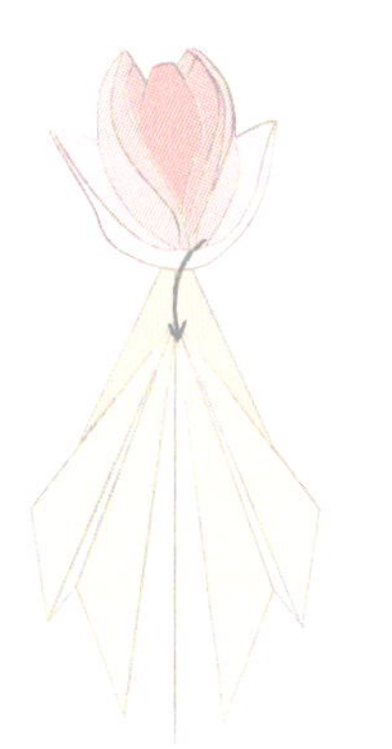

6. Zum Schluss die in Schritt 1 gefaltete „edle Rose" auf die entstandene Spitze des Fächers setzen – fertig ist die „schöne Seerose".

Heften Sie die Tischkärtchen mit Klammern an die Gläser.

Ist die Location schwer zu finden? Hängen Sie einen Wegweiser auf.

Verwenden Sie anstelle ganzer Blumen nur deren Blüten.

DIE FLACHE Seerose

Im Gegensatz zur „schönen Seerose", die ihre Wirkung alleine entfaltet, lädt die „flache Seerose" dazu ein, sie mit einem zusätzlichen Deko-Element zu ergänzen – sei es eine Süßigkeit, eine Kerze oder Streudeko.

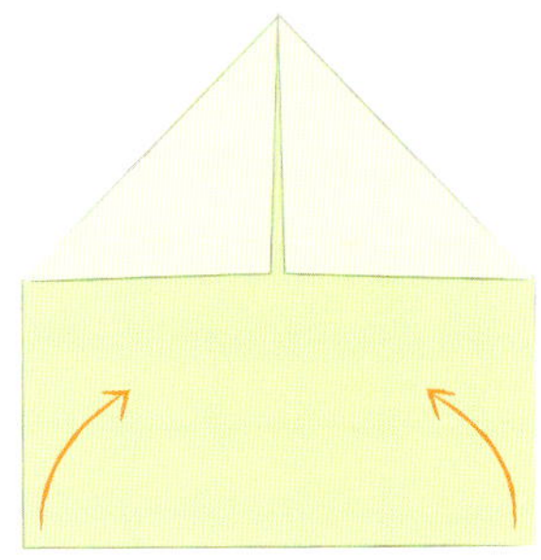

1. Falten Sie alle vier Ecken der Serviette zur Mitte, sodass ein Quadrat entsteht.

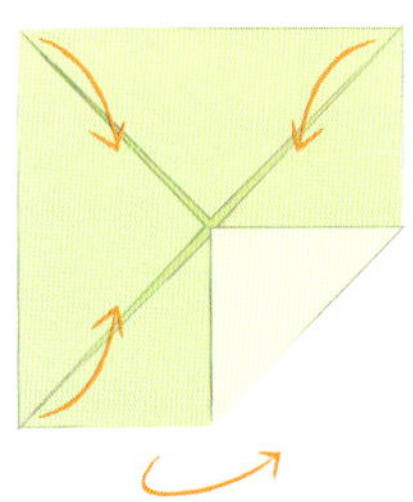

2. Wiederholen Sie Schritt 1 mit dem entstandenen Viereck. Wenden Sie dann die Serviette horizontal.

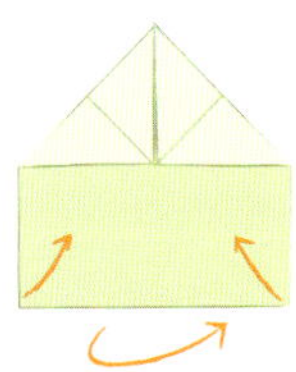

3. Falten Sie erneut alle vier Ecken zur Mitte hin und wenden Sie die Serviette erneut horizontal.

4. Anschließend halten Sie die Serviette in der Mitte gut fest und ziehen vorsichtig die Spitzen, die unter den Ecken liegen, hervor. So formen Sie die Blütenblätter.

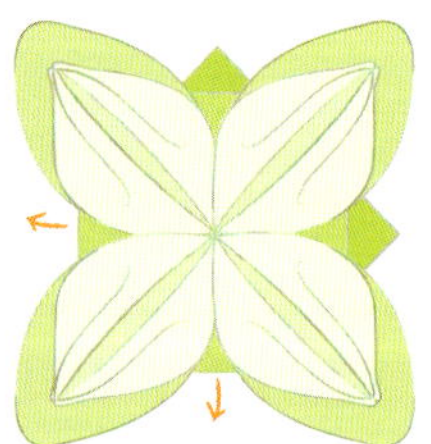

5. Zum Schluss müssen Sie nur noch die unteren Ecken zwischen den Blütenblättern zur Hälfte hervorziehen.

Wie wäre es mit etwas Süßem zur Begrüßung anstatt Sekt?

Auch in einem Blumenstrauß sieht Obst richtig gut aus.

Dekorieren Sie unterschiedliche Dinge auf einer Etagere.

DIE Welt GEHÖRT DEM, DER SIE genießt.

Originell: die Sektflaschen als Brautpaar gestalten.

Milchflaschen werden mit Blüten verziert und als Gläser verwendet.

Ein Ringkissen muss nicht immer aus Stoff bestehen.

SEI GLÜCKLICH UND GENIESSE DAS LEBEN!

DIE ELEGANTE Schleife

Die Schleifenfaltung zeichnet sich durch ihre Vielfältigkeit aus: Sie ist eine Zierde für jede Tafel und kann aufgrund ihrer Schmetterlingsform auch mit bunten Servietten als fröhliches Flattertier gestaltet werden.

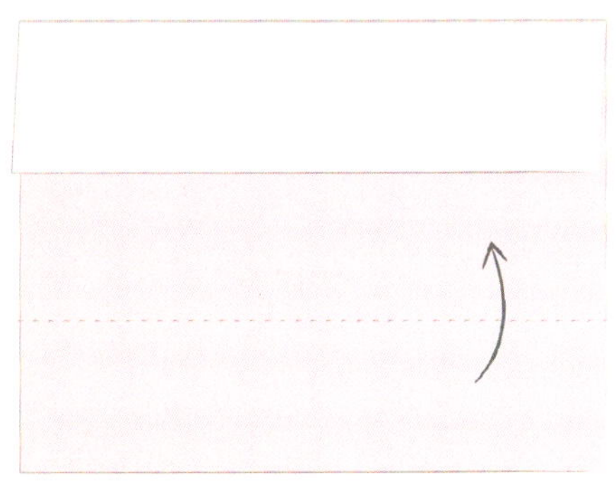

1. Legen Sie die geöffnete Serviette vor sich auf den Tisch. Falten Sie die obere und die untere Kante der Serviette zur Mitte hin, sodass sie sich in der Mitte treffen.

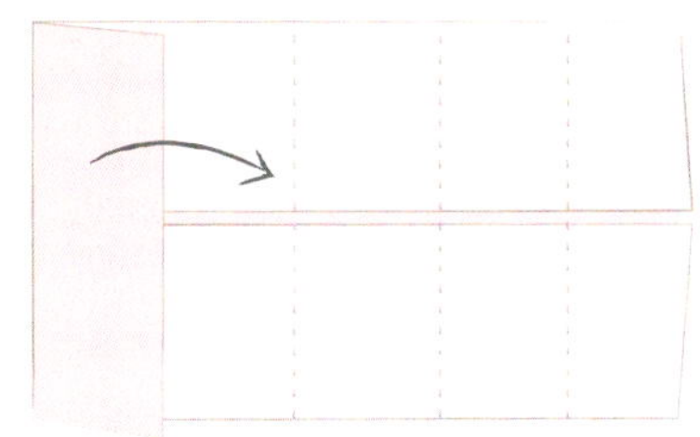

2. Unterteilen Sie die Serviette in acht gleich große Teile.

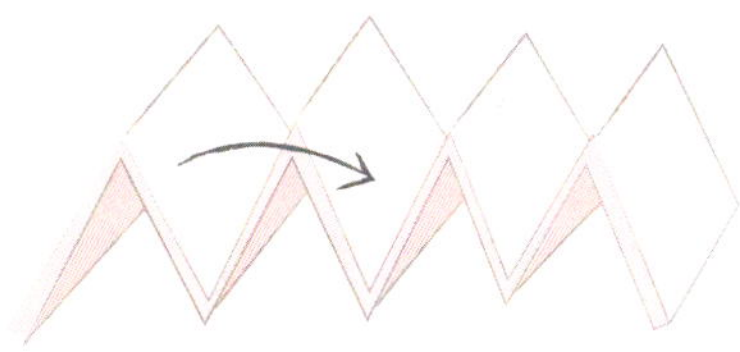

3. Falten Sie nun die Serviette im Zickzack zusammen.

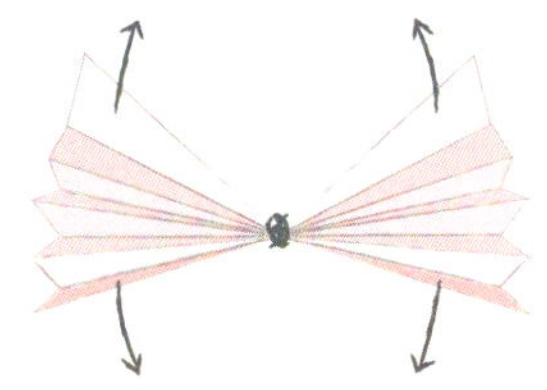

4. Zum Schluss die Schleife in der Mitte mit einem schönen Band oder einem Serviettenring fixieren und die Fächer auseinanderziehen.

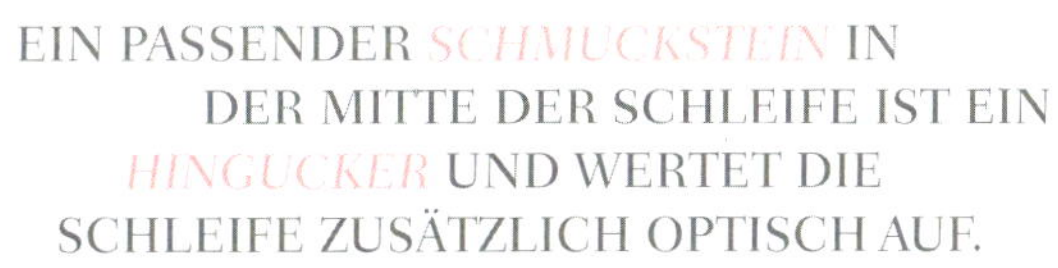

DER LIEGENDE *Dreispitz*

Servietten in kräftigen Farbtönen sind für diese Faltung besonders gut geeignet. Stimmen Sie die Accessoires farblich darauf ab, vielleicht mit abgestuften Tönen, dann wirkt der liegende Dreispitz sehr edel.

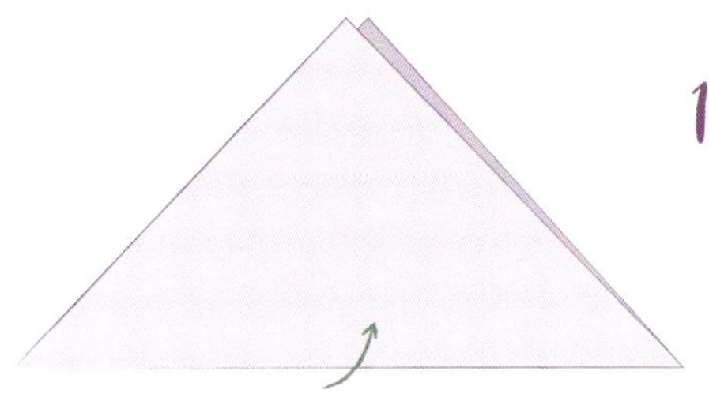

1. Falten Sie die Serviette diagonal nach oben, sodass ein Dreieck entsteht.

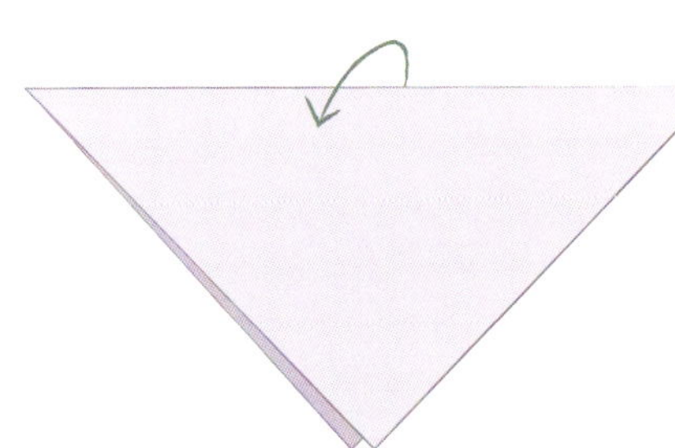

2. Drehen Sie die Serviette um 180°, sodass die offene Spitze nach unten zeigt.

3. Falten Sie nun die rechte obere Spitze nach links unten, wie auf der Abbildung gezeigt.

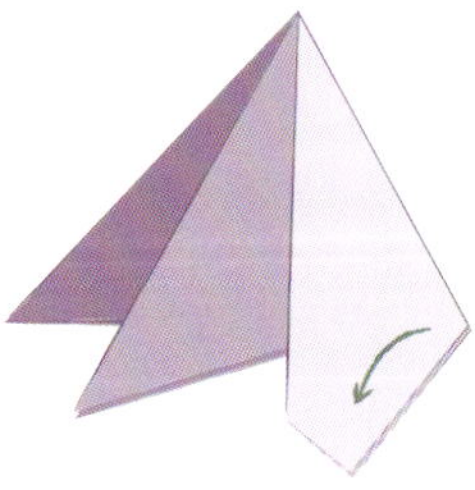

4. Falten Sie nun die rechte untere Spitze ebenfalls nach links unten, wie auf der Abbildung gezeigt.

LASSEN SIE SICH VON DER EINFACHEN FALTANLEITUNG NICHT TÄUSCHEN: DIESE SERVIETTE WIRKT DURCH IHRE *ASSYMETRISCHE FALTUNG* UND IST EIN *HINGUCKER* AUF JEDEM TISCH.

Beziehen Sie auch die Gläser in Ihre Tisch-Deko mit ein.

Dekorieren Sie mit ähnlichen Farben und setzen Sie Highlights.

Auch bunt verzierte Cakepops können als Deko verwendet werden.

Servieren Sie passend zu einer Halloween-Party Mumien-Würstchen im Schlafrock.

Dekorieren Sie die Flaschen oder Gläser mit Kürbis-Gesichtern.

Sollten Sie keine Zierkürbisse haben, verwenden Sie Mandarinen als Kürbisersatz.

DIE SCHRIFTrolle

Diese Serviettenfaltung ist absolut zeitlos und passt zu jedem Ereignis – vom Geburtstag über Halloween bis zu Taufe, Konfirmation oder ähnlichen kirchlichen Festen. Alles, was Sie tun müssen, ist die Serviettenfarbe bzw. das Muster darauf abzustimmen.

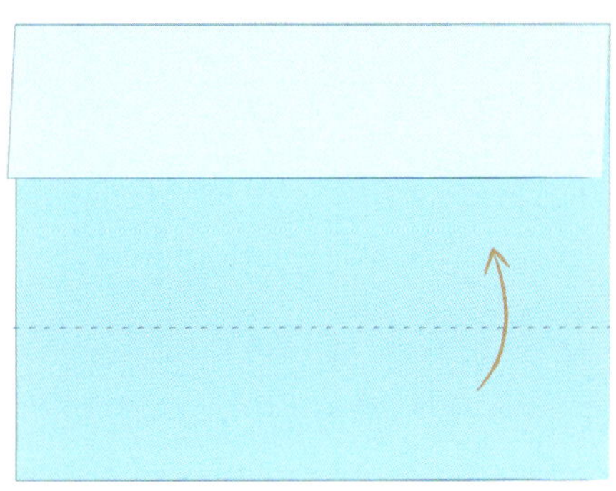

1. Legen Sie die geöffnete Serviette vor sich auf den Tisch. Falten Sie die obere und die untere Kante der Serviette zur Mitte hin, sodass sie sich in der Mitte treffen.

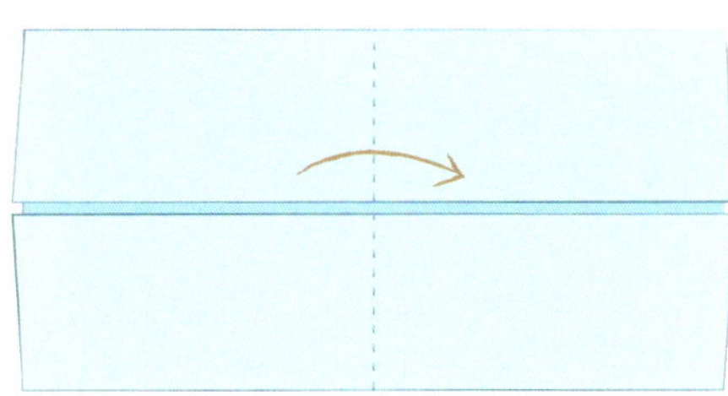

2. Falten Sie die Serviette in der Mitte nach rechts und öffnen Sie sie dann wieder. Der Knick dient lediglich der Orientierung.

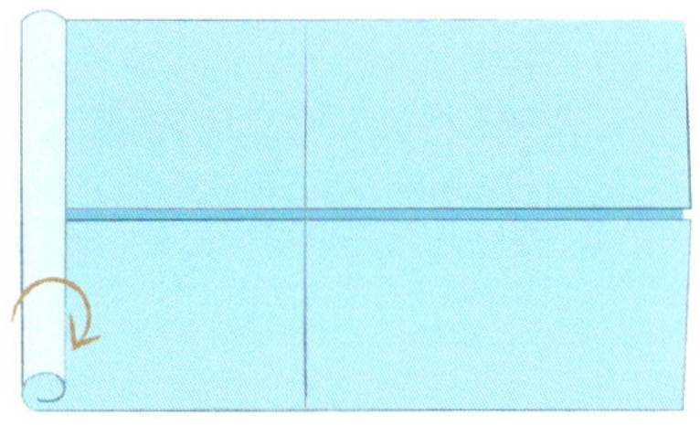

3. Rollen Sie nun die Serviette vom linken Rand her auf bis zur Mitte hin auf. Wiederholen Sie diesen Schritt auch mit der rechten Seite.

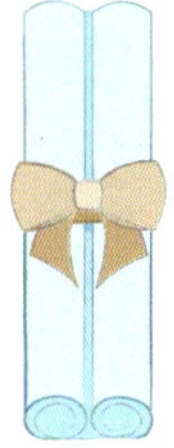

4. Legen Sie ein hübsches Dekoband um die Schriftrolle und binden Sie eine Schleife. So behält die Rolle ihre Form, bis die Gäste kommen.

WENN IHRE SERVIETTE SCHON BUNT VERZIERT IST, SOLLTEN SIE BEI DEM *DEKO-BAND* AUF SCHLICHTE ELEGANZ SETZEN.

DAS ROMANTISCHE Herz

Die Herzform bietet sich natürlich für gefühlvolle Festtage, wie Valentinstag, Verlobung oder Hochzeit, an. Aber auch bei einem romantischen Candle-Light-Dinner sagt diese Serviettenform mehr als tausend Worte …

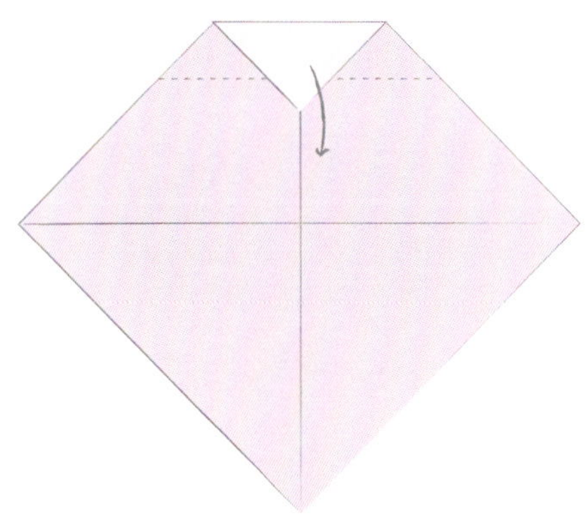

1. Legen Sie die Serviette diagonal vor sich auf den Tisch. Falten Sie die obere Spitze zur Mitte hin.

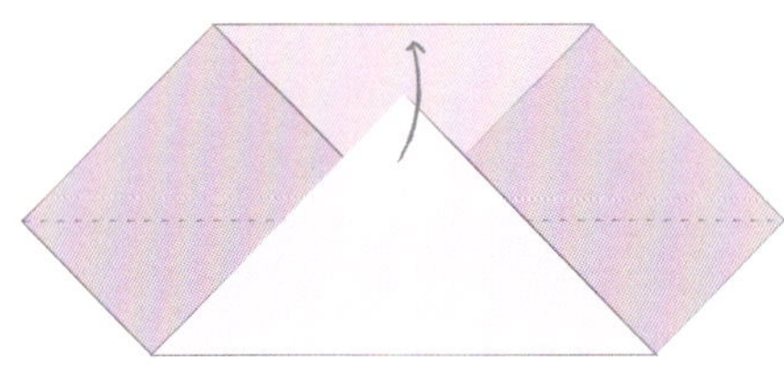

2. Falten Sie die untere Spitze ganz nach oben bis an die obere Kante.

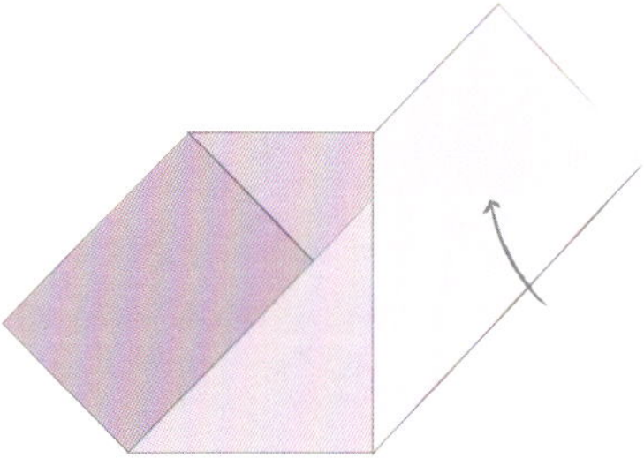

3. Falten Sie die rechte Spitze nach oben, sodass die untere Kante entlang der Mitte der Serviette gefaltet wird. Wiederholen Sie diesen Schritt auch mit der linken Seite.

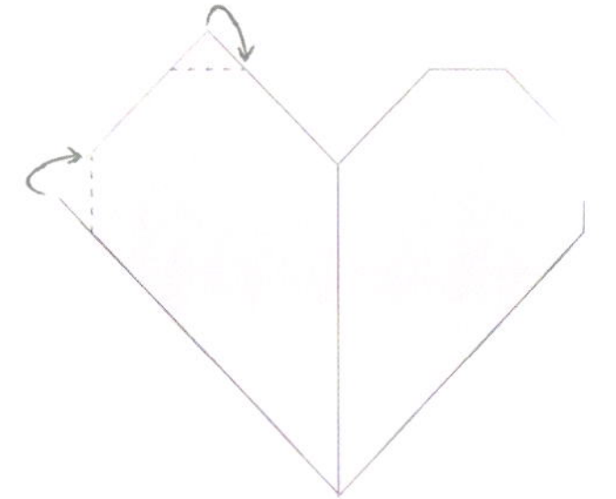

4. Falten Sie zum Schluss die oberen und seitlichen Spitzen ein wenig nach hinten, sodass das Herz runder aussieht.

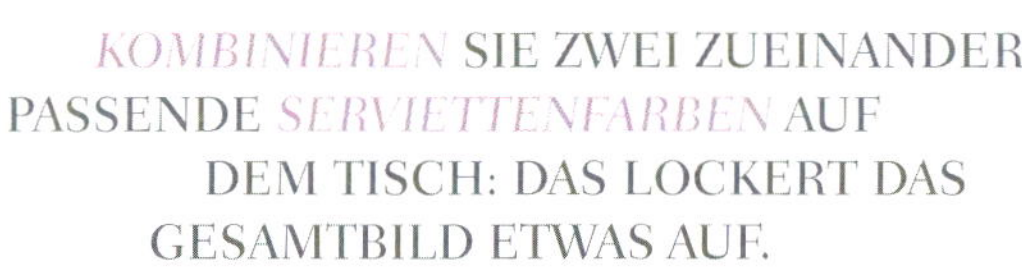

KOMBINIEREN SIE ZWEI ZUEINANDER PASSENDE SERVIETTENFARBEN AUF DEM TISCH: DAS LOCKERT DAS GESAMTBILD ETWAS AUF.

Hängen Sie gebundene Herz-Blumen-Kränze auf – jeder Gast darf einen mitnehmen.

Stellen Sie Äste in Vasen und hängen Sie Girlanden daran.

Pastelltöne, mit kräftigem Grün kombiniert, wirken sehr festlich.

Planen Sie ein Büffet? Dann sind Büffet-Etiketten hilfreich.

Für Naschkatzen: Ein Tisch mit süßen Leckereien!

Stellen Sie Teelichter in Glaskugeln und hängen Sie diese auf.

ICH WOLLTE dir nur sagen ...

DER BRIEF*umschlag*

Diese Serviettenfaltung ist ideal, um das Besteck darauf zu drapieren. Sie können alternativ auch die obere Spitze nach unten klappen: So wird der Briefumschlag zur Tasche, in der das Besteck verwahrt wird.

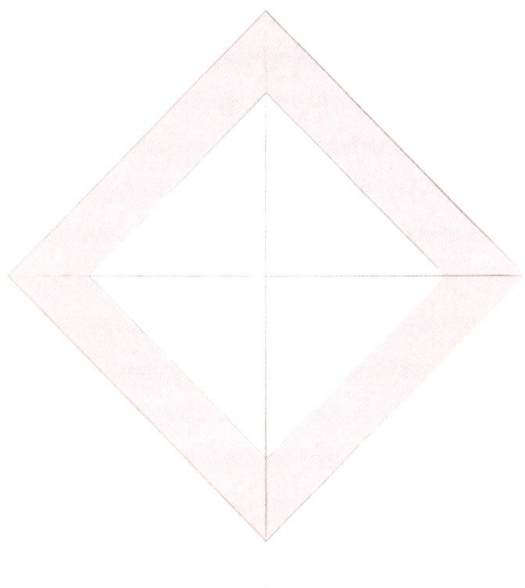

1. Legen Sie die Serviette diagonal vor sich auf den Tisch. Legen Sie eine kleinere Serviette genau in die Mitte.

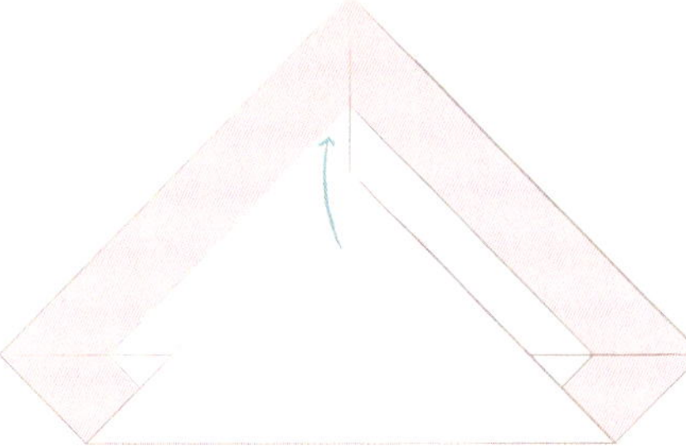

2. Falten Sie die untere Spitze zu etwa zwei Dritteln nach oben.

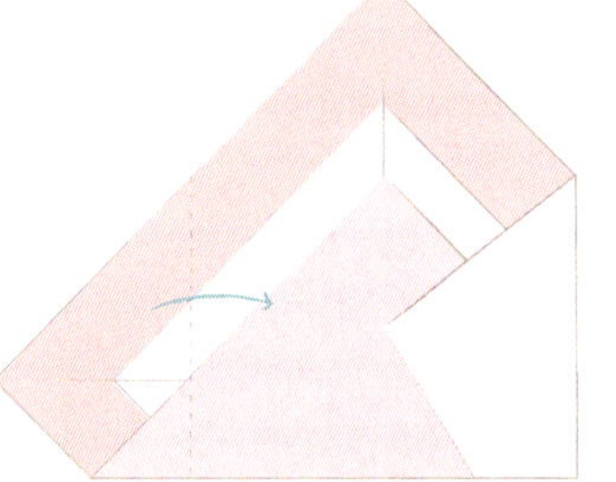

3. Falten Sie jeweils die rechte und die linke Spitze der Serviette genau in die Mitte.

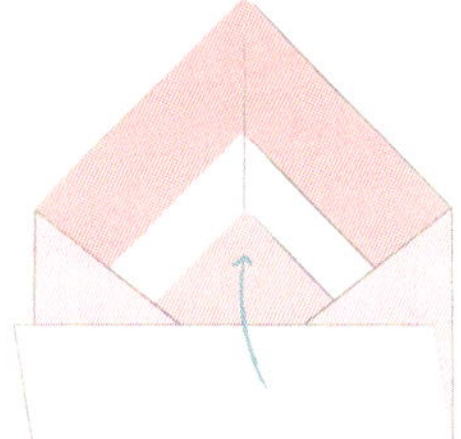

4. Falten Sie die untere Kante nach oben.

WÄHLEN SIE FÜR DIESE FALTTECHNIK AM BESTEN EINE EINFARBIGE GRÖSSERE SERVIETTE. DIE KLEINERE SERVIETTE DARF GERNE BEDRUCKT SEIN.

Opulent: Hängende Blumen-Deko kombiniert mit Deko-Vogelkäfigen.

Tortenfiguren müssen nicht immer dem Standard entsprechen.

Der Lärm der Blechdosen soll böse Geister vertreiben.

DAS ZEITLOSE *Jackett*

Für eine Hochzeitstafel können Sie das Jackett an Braut und Bräutigam anpassen: Dekorieren Sie es für die Braut mit einer Blüte oder einem Schmuckstein und für den Bräutigam mit einer Fliege.

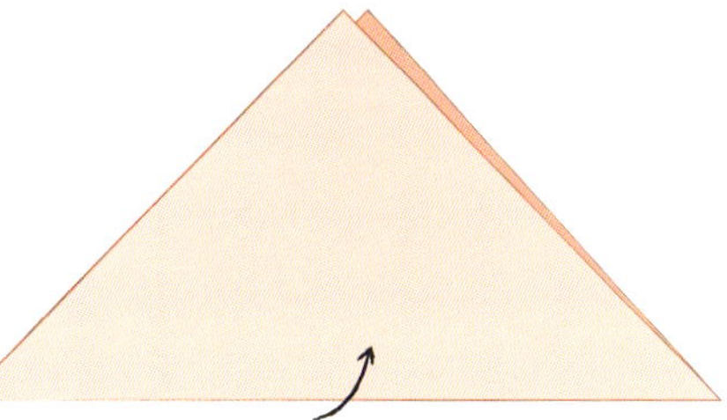

1. Die diagonal liegende Serviette in der Mitte nach oben falten, sodass ein Dreieck entsteht.

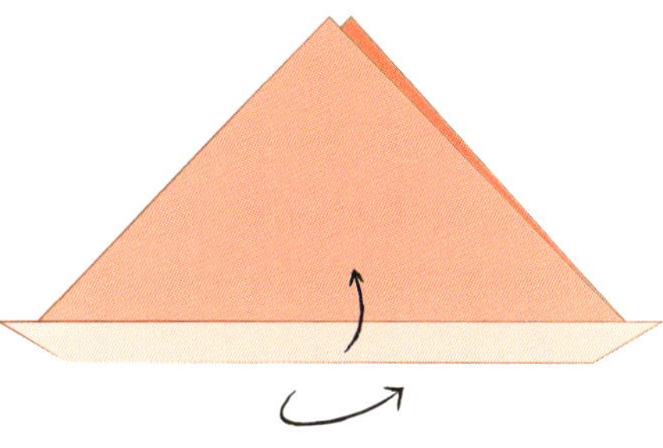

2. Die untere gerade Kante zu einem Fünftel nach oben falten und die Serviette dann so wenden, dass die Spitze nach unten zeigt.

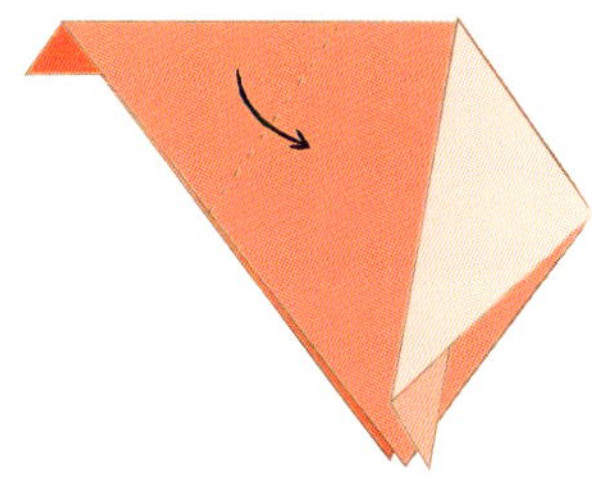

3. Falten Sie die rechte obere Spitze nach unten, leicht über die Mitte hinaus, und wiederholen Sie diesen Schritt auch mit der linken oberen Spitze.

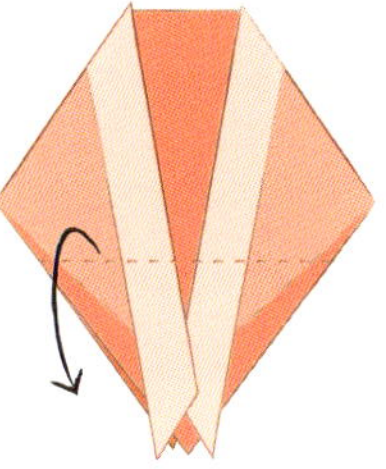

4. Falten Sie den unteren Teil der Serviette zu etwa einem Drittel nach hinten.

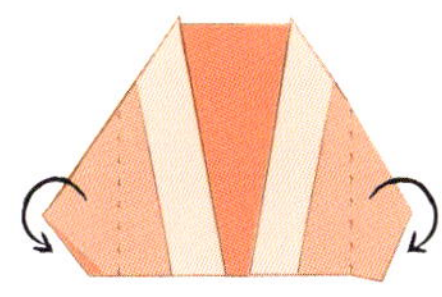

5. Falten Sie zum Schluss die rechte und die linke Spitze jeweils nach hinten – schon ist das Jackett fertig.

VERWENDEN SIE FÜR DIESE FALTTECHNIK EINE *EINFARBIGE SERVIETTE*, AM BESTEN IN WEISS ODER SCHWARZ.

DER SERVIETTEN-Frosch

Diese elegante Faltung ist nicht ganz einfach. Probieren Sie sie vorher aus und nehmen Sie ein Bügeleisen zu Hilfe, um die Faltlinien besser erkennen zu können.

1. Legen Sie die ausgebreitete Serviette diagonal vor sich auf den Tisch.

2. Falten Sie die untere Spitze etwas versetzt an die linke Spitze, streichen Sie die Kante nach und klappen Sie die Serviette dann wieder auf. Falten Sie nun die untere Spitze ebenfalls etwas versetzt an die rechte Spitze, streichen Sie die Kante nach und klappen Sie die Serviette dann wieder auf.

3. Heben Sie die untere Spitze an und falten Sie diese nach oben. Drücken Sie dabei die in Schritt 2 entstandenen Faltlinien links und rechts leicht zur Mitte hin ein.

4. Drehen Sie die Serviette um 180°. Falten Sie die rechte Seite des nach oben stehenden Dreiecks an der gestrichelten Linie nach rechts und streichen Sie die Faltlinie nach. Wiederholen Sie diesen Schritt auch mit der linken Seite.

5. Drücken Sie die nach oben stehende Spitze nach unten, sodass oben ein windschiefes Quadrat entsteht.

ST
married
forever

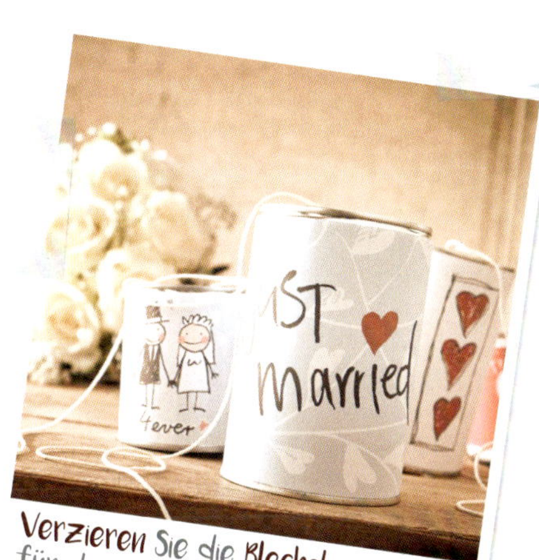

Verzieren Sie die Blechdosen für das Brautauto mit bunten Bildern und Sprüchen.

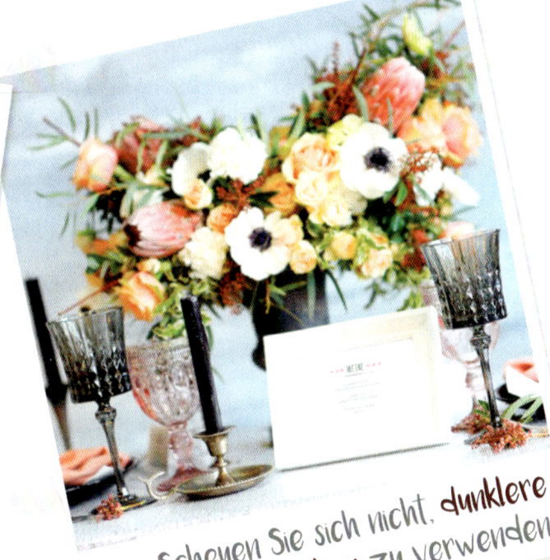

Scheuen Sie sich nicht, dunklere Farben zu verwenden.

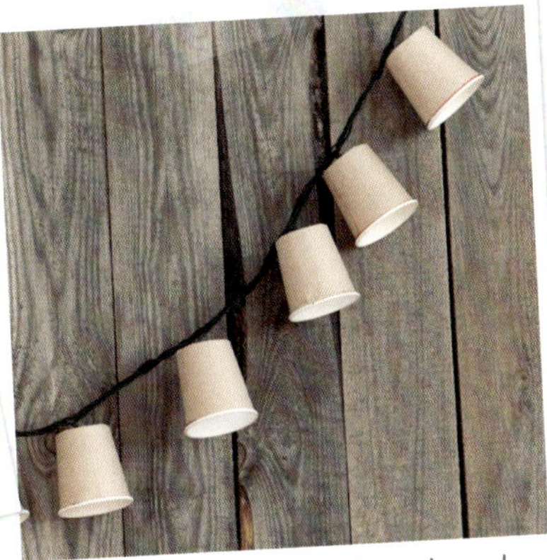

Stecken Sie Pappbecher über die Lämpchen einer Lichterkette.

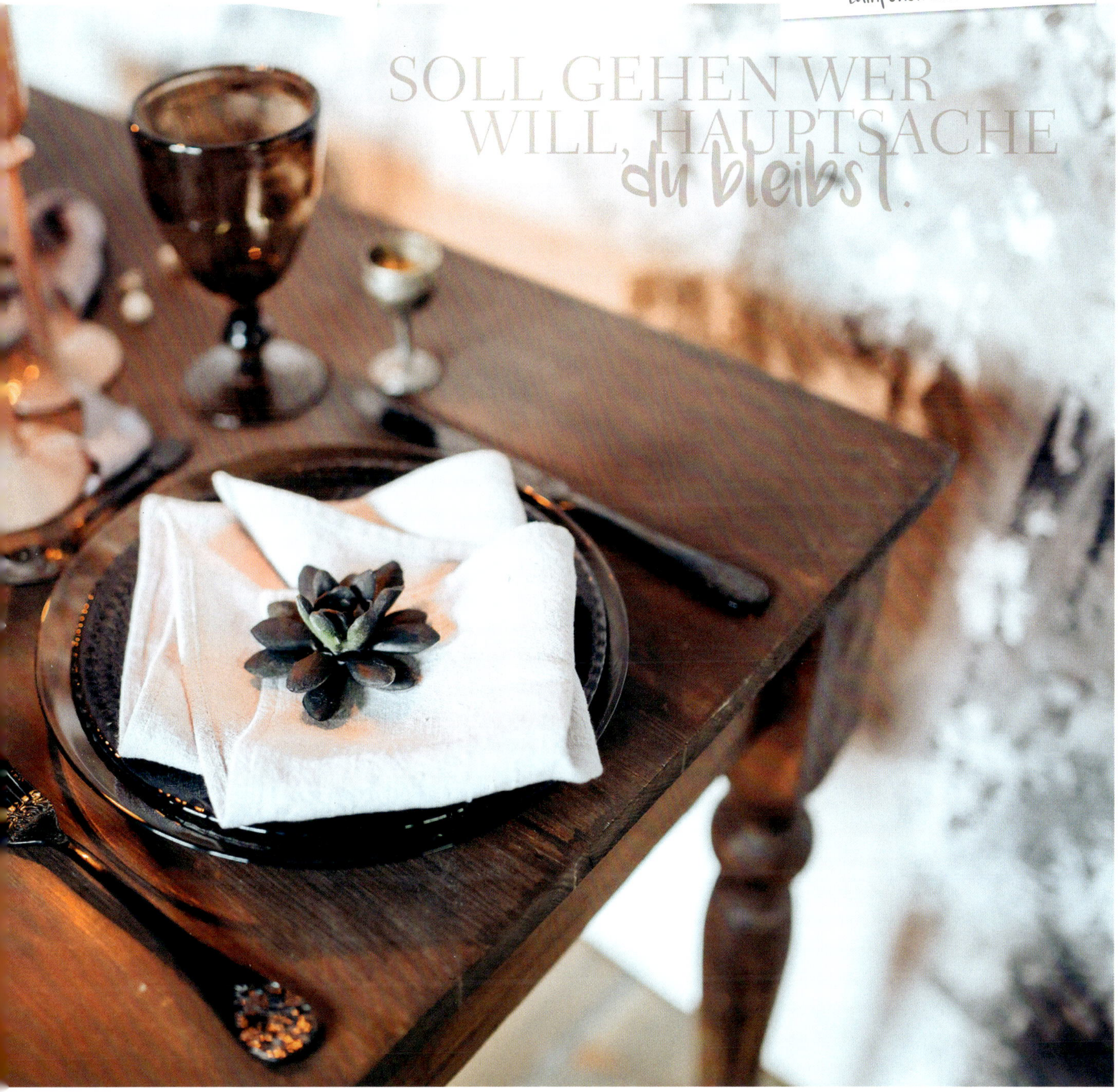
SOLL GEHEN WER WILL, HAUPTSACHE du bleibst.

Dekorieren Sie mit Blumen in verschiedenen Farben.
Dekorieren Sie bunte Wiesenblumen in alte Tassen.
♡-lich Willkommen
Hängen Sie einen Sitzplan aus – so findet jeder schnell seinen Platz.
GLÜCK IST DER SCHRITT INS NEUE.
MENU
CROSTINI MIT BÜFFELMOZZARELLA UND OLIVENPÜREE, TOMATENKOMPOTT UND PESTO
TATAR VOM LACHS MIT LAUCHCREME
MEDITERRANES GEMÜSE MIT GEGRILLTEN SMAPI
SPINAT-RICOTTA-RAVIOLI IN SALBEIBUTTER
WEIßES TOMATENGELEE MIT BASILIKUM
KALBSRÜCKEN IN ROSMARIN
EMMA

DAS FESTLICHE *Dreieck*

Bei großen Festen mit vielen Gästen ist es hilfreich, Tischkärtchen oder gedruckte Menükarten auf den einzelnen Plätzen zu verteilen. Die Dreiecksserviette ist hier die ideale Lösung, um die Karten stilvoll zu präsentieren.

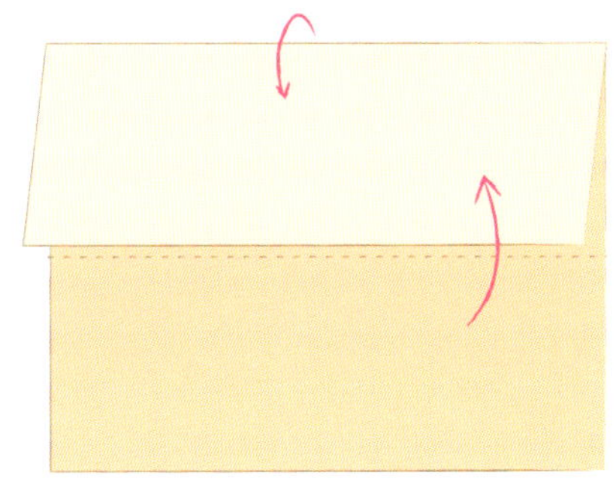

1. Falten Sie das obere Drittel der Serviette nach unten und das untere Drittel darüber nach oben.

2. Falten Sie die untere rechte Ecke, wie auf der Abbildung zu sehen, nach links oben.

3. Anschließend falten Sie die obere rechte Ecke, wie in der Abbildung zu sehen, nach links unten.

4. Jetzt klappen Sie das entstandene Dreieck nach links oben.

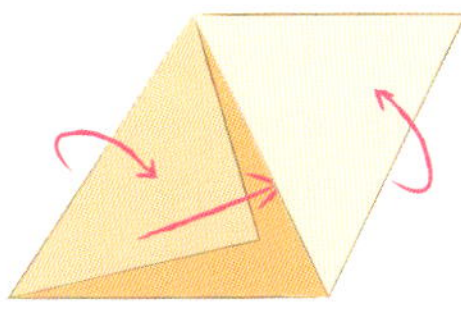

5. Falten Sie die obere linke Ecke, wie in der Abbildung gezeigt, nach rechts unten. Schieben Sie das so entstandene Dreieck in die Lasche des rechten Dreiecks.

DIESE GEFALTETE SERVIETTE SIEHT NICHT NUR SCHÖN AUS, SIE EIGNET SICH AUCH WUNDERBAR ALS KARTENHALTER.

DIE BESTECK*tasche*

Diese stilvolle Bestecktaschen-Variante verleiht jedem gedeckten Tisch eine besondere Note – und bietet Platz für zusätzliche Jahreszeiten-Deko.

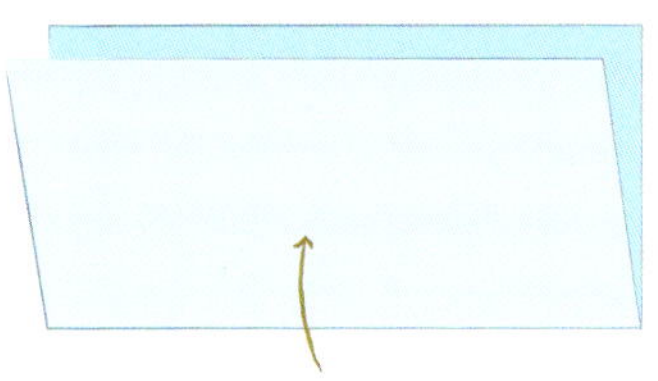

1. Falten Sie die ausgebreitete Serviette zur Hälfte nach oben.

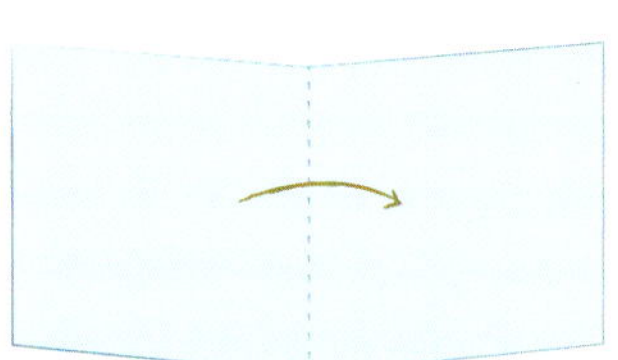

2. Falten Sie die linke Seite auf die rechte Seite, sodass ein Quadrat entsteht.

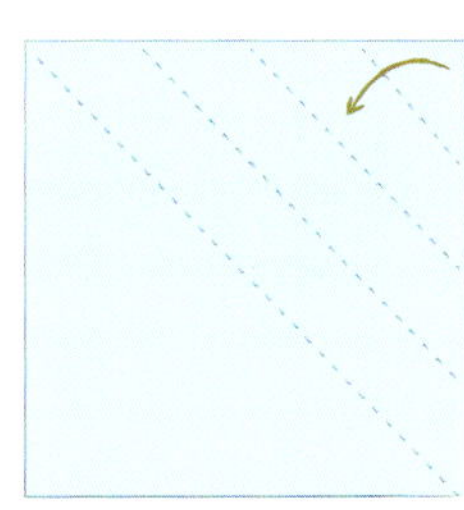

3. Nehmen Sie von der oberen rechten Ecke die obere Lage und falten Sie sie 4- bis 5-mal in Richtung der linken unteren Ecke, bis Sie in der Mitte der Serviette eine Diagonale erhalten.

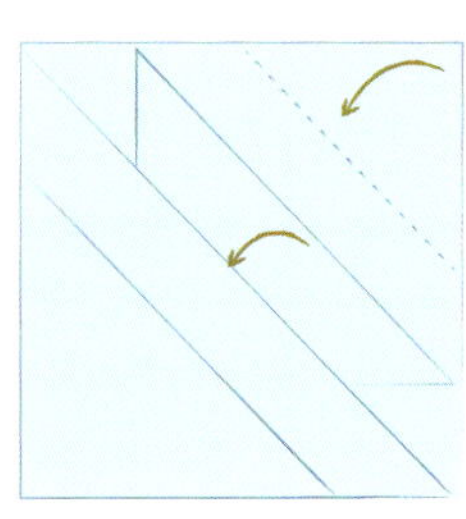

4. Nehmen Sie von der oberen rechten Ecke die nächste Lage, falten Sie diese einmal in Richtung der linken unteren Ecke und schieben Sie sie unter die bei Schritt 3 entstandene Diagonale. Wiederholen Sie diesen Schritt noch einmal mit der nächsten Lage.

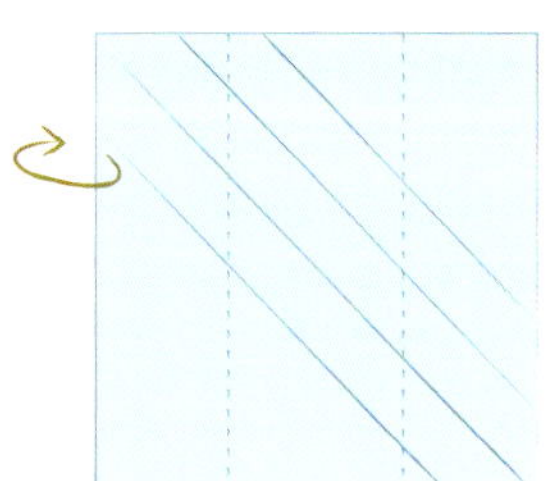

5. Jetzt klappen Sie die linke Hälfte nach hinten und die Bestecktasche ist fertig.

Nähen Sie Ihre Tisch-Deko doch einfach mal selber.

Servieren Sie als Aperitif zur Abwechslung Glühwein statt Sekt.

Schenken Sie Ihren Gästen selbstgebackene Plätzchen.

FROHE Weihnachten

Basteln Sie aus Stoffresten und einer Kordel eine zum Motto passende Wimpelkette.

Moos eignet sich auch für Ihre Tisch-Deko, z.B. als Läufer.

Stellen Sie eine Truhe auf, in die Ihre Gäste ihre Karten legen können.

DIE SPITZE Einstecktasche

Eine einfache, aber sehr effektvolle Einstecktasche, die Sie mit Blumen, Besteck oder einer Süßigkeit bestücken können. Stimmen Sie die Serviettenfarbe mit der Farbe des Füllgutes aufeinander ab.

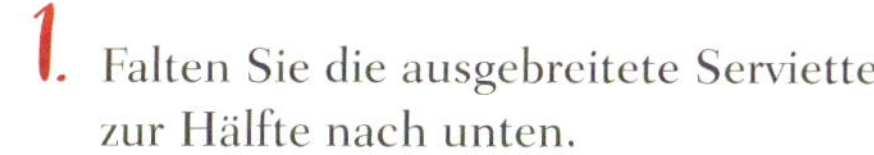

1. Falten Sie die ausgebreitete Serviette zur Hälfte nach unten.

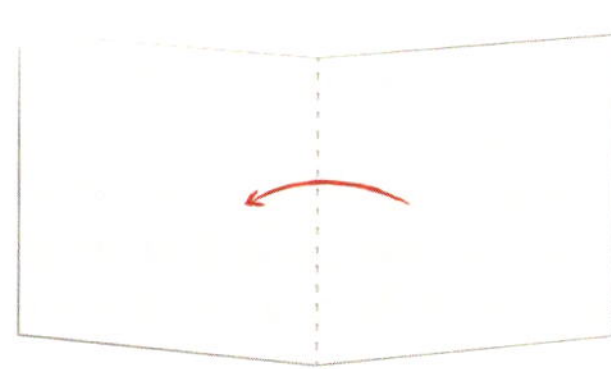

2. Falten Sie die rechte Seite auf die linke Seite und drehen Sie die Serviette so, dass die offenen Spitzen nach oben zeigen.

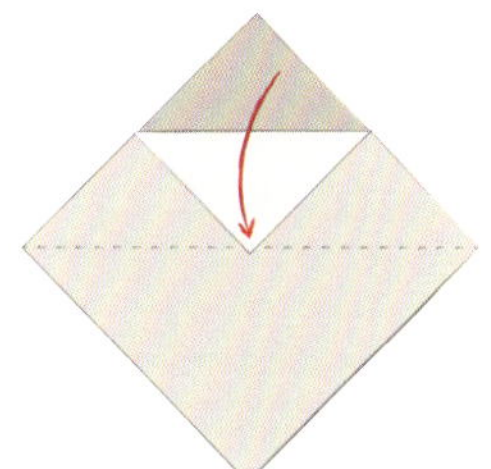

3. Nehmen Sie nun die beiden obersten Lagen der oberen Spitze und falten Sie diese nach unten zur Mitte hin.

4. Falten Sie nun die obere Kante des bei Schritt 3 entstandenen Dreiecks nach unten.

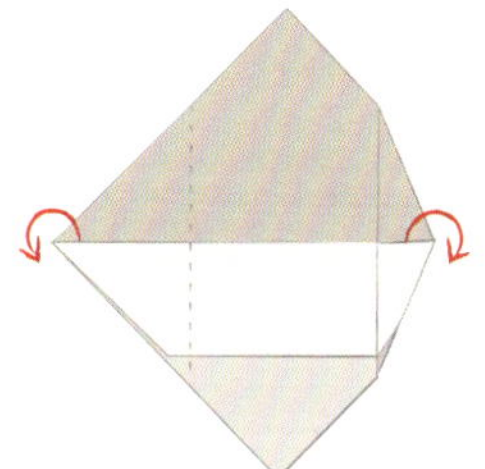

5. Falten Sie zum Schluss die linke und die rechte Spitze der Serviette nach hinten – fertig ist die Bestecktasche.

DIE EINFACHE Bestecktasche

Diese Serviettenfaltung wird ihrem Namen voll und ganz gerecht: Sie ist ruckzuck gefaltet und gibt Ihrer Tafel dennoch das gewisse Etwas.

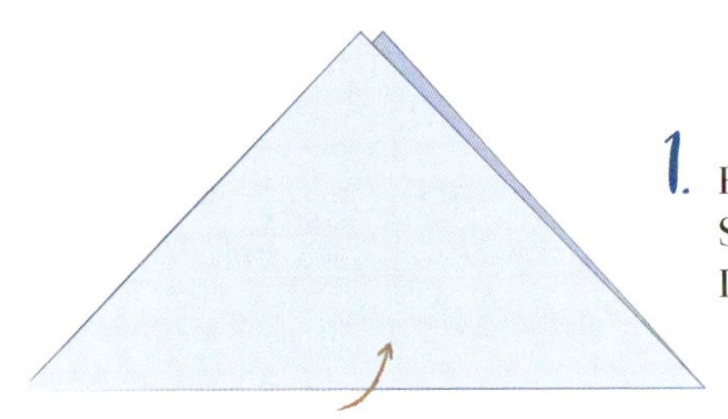

1. Falten Sie die diagonal liegende Serviette nach oben, sodass ein Dreieck entsteht.

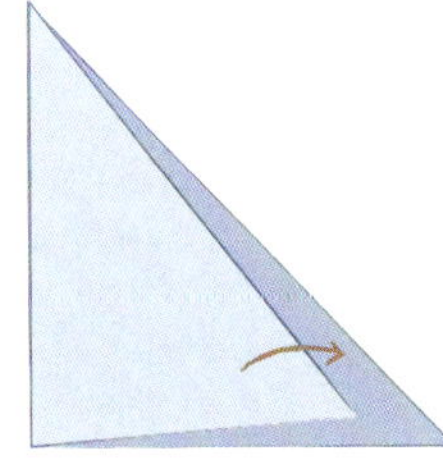

2. Falten Sie die untere linke Spitze horizontal nach rechts, sodass wiederum ein Dreieck entsteht.

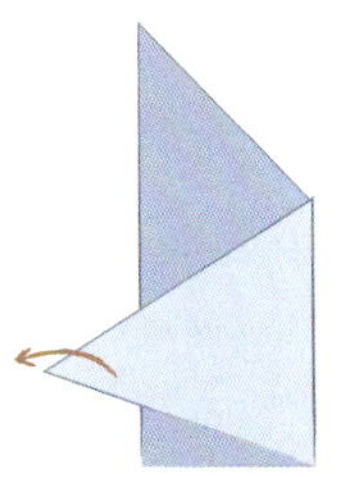

3. Falten Sie die rechte untere Spitze horizontal nach links, sodass die linke Spitze etwa ein Drittel über den linken Rand hinausgeht.

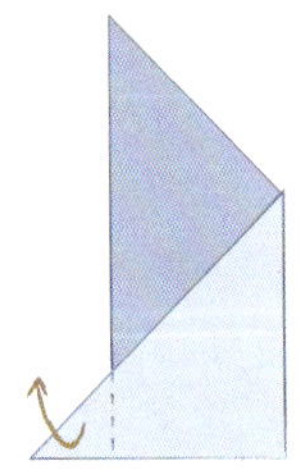

4. Zum Schluss falten Sie die überstehende Spitze nach hinten.

DIE BESTECKTASCHE IST SEHR *EINFACH UND SCHNELL* GEFALTET – ALSO IDEAL FÜR GROSSE FEIERN ODER WENN ES SCHNELL GEHEN MUSS.

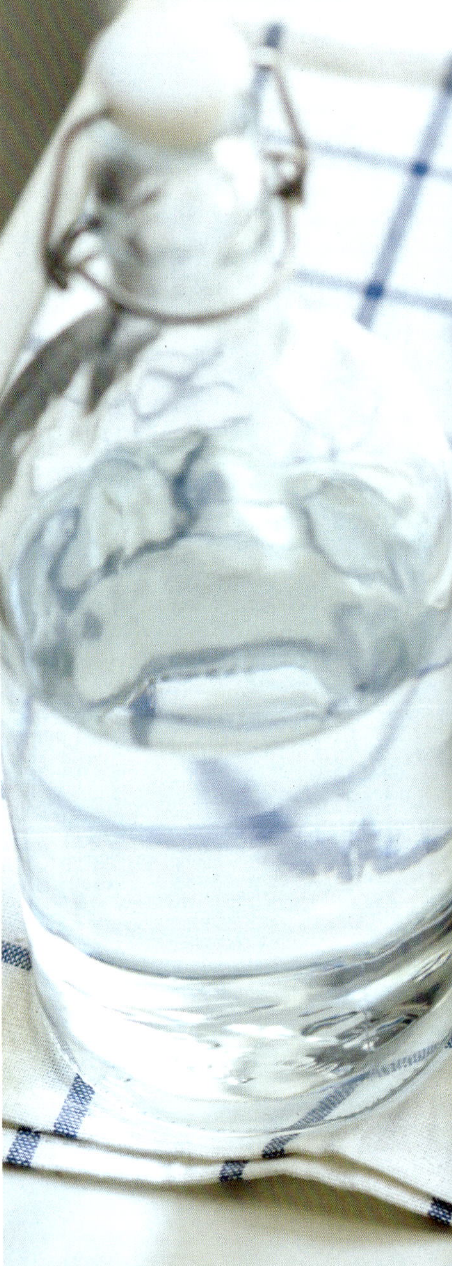

Geschenke für den Kindergeburtstag können Sie in Raketen, aus Klorollen gebastelt, verpacken.

Die Tischkärtchen können auch gleichzeitig ein Geschenk sein …

Viele Kerzen erzeugen eine romantische Stimmung.

Ungerade Stückzahlen wirken grundsätzlich harmonischer.

Ein Vorhang aus Lampions und Bändern verschönert Wände oder trennt Räume.

Stellen Sie Einwegkameras auf die Tische und lassen Sie sich von den Schnappschüssen überraschen.

Schmetterlinge IM BAUCH MACHEN nicht satt!

DER Schmetterling

Der Schmetterling, als Symbol für das Erwachen der Natur, ist die perfekte Tischdekoration für ein Frühlingsfest. Wenn Sie es besonders bunt mögen, dann können Sie für jeden Gast eine andere Farbe verwenden.

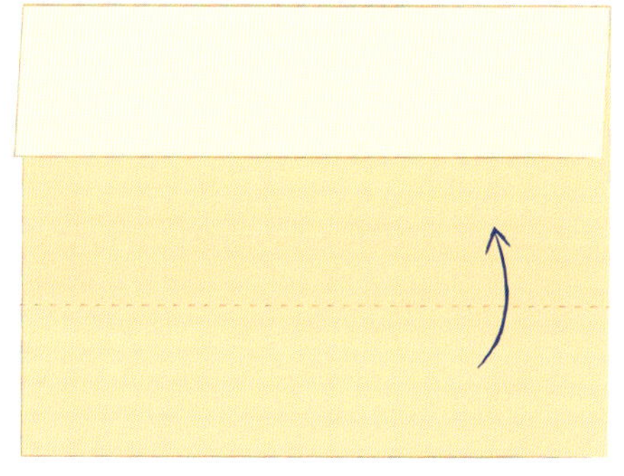

1. Legen Sie die Serviette vor sich auf den Tisch. Falten Sie die obere und die untere Kante der Serviette zur Mitte hin, sodass sie sich in der Mitte treffen.

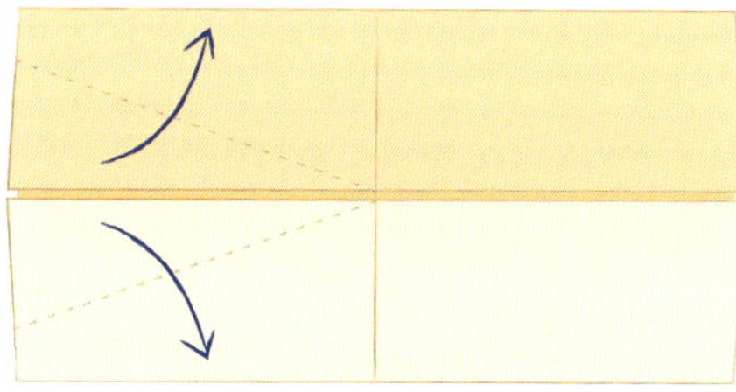

2. Falten Sie die untere mittlere Ecke der linken Seite wie gezeigt nach unten und wiederholen Sie diesen Schritt auch mit der oberen mittleren Ecke.

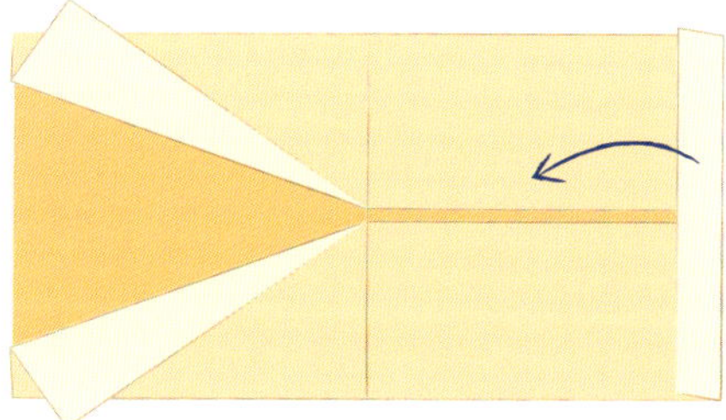

3. Falten Sie die rechte Seite der Serviette im Zickzack bis zur Mitte hin.

4. Rollen Sie die linke Seite der Serviette bis zur Mitte hin ein.

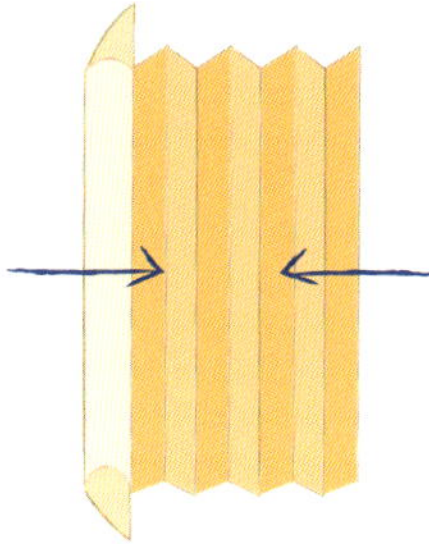

5. Drücken Sie die Serviette in der Mitte zusammen.

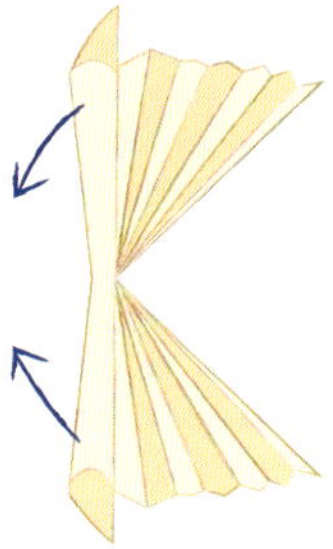

6. Falten Sie nun die beiden Rollen in der Mitte aufeinander.

DIESE SERVIETTE IST *EINFACH* UND *SCHNELL* GEFALTET. AM BESTEN VERWENDEN SIE EINE *FARBIGE SERVIETTE*, SO KOMMT DER SCHMETTERLING AM BESTEN ZUR GELTUNG.

DER FÄCHER IM *Glas*

Eine in einem Glas arrangierte Serviette versprüht eine ganz besondere Eleganz. Nehmen Sie ein schönes, schmales Glas, damit die Serviettenfaltung einen besseren Halt hat.

1. Falten Sie die ausgebreitete Serviette zur Hälfte nach oben.

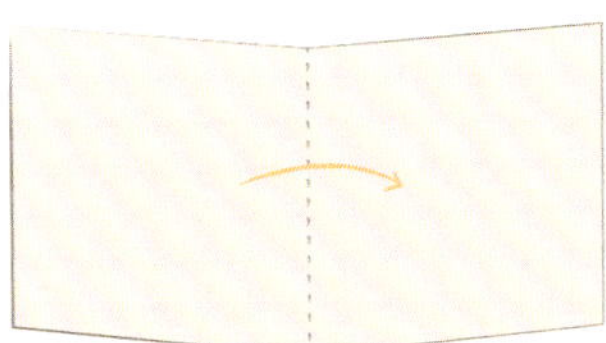

2. Falten Sie die linke Seite auf die rechte Seite, sodass ein Quadrat entsteht. Drehen Sie die Serviette so, dass die offenen Spitzen nach oben zeigen.

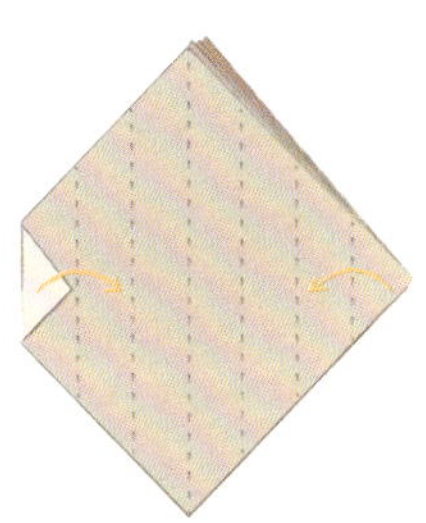

3. Falten Sie die Serviette nun von der linken und rechten Spitze aus im Zickzack zusammen, sodass sich die Falten in der Mitte treffen.

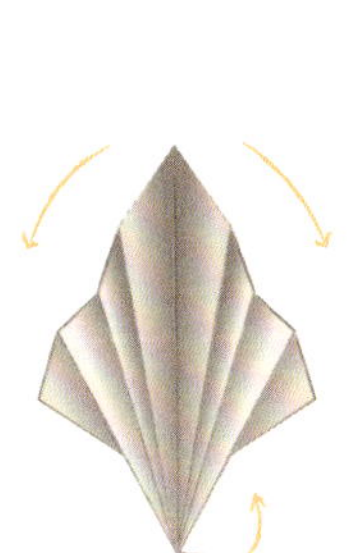

4. Ziehen Sie den entstandenen Fächer leicht auseinander und knicken Sie das untere Drittel der Serviette um. Achten Sie darauf, dass die offenen Spitzen nach oben zeigen.

DIESE *SCHNELLE* UND *EINFACHE* FALTTECHNIK VERLEIHT IHRER TISCHDEKORATION *OPTISCHE HÖHE* – EGAL, OB DIE SERVIETTEN IN EINER TASSE ODER IN EINEM HÜBSCHEN GLAS STECKEN.

Haben Sie keinen Kerzenständer? Nehmen Sie stattdessen eine hübsche, leere Flasche.

Ihre Gäste freuen sich über ein kleines Geschenk.

3D-Deko unterstreicht das Motto Ihrer Feier.

LASS ES DIR
schmecken!

FROHE Ostern

DIE OSTER*hasenohren*

Die lustigen Hasenohrservietten begeistern vor allem Kinder. Stellen Sie die Servietten mit ihnen gemeinsam her – die Faltung ist einfach und der Spaß garantiert!

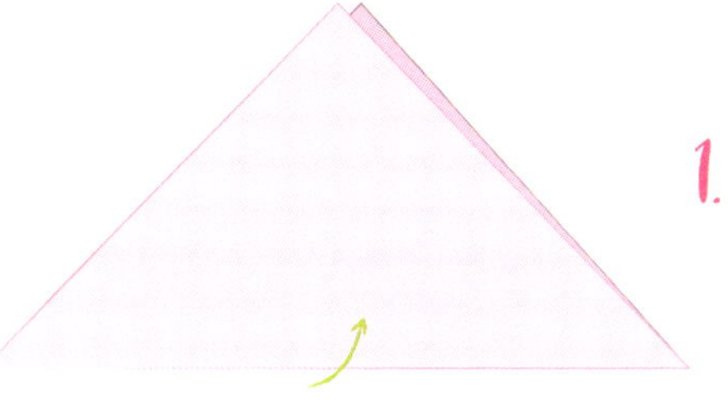

1. Die ausgebreitete Serviette diagonal nach oben falten, sodass ein Dreieck entsteht.

2. Die obere Spitze zu einem Fünftel nach unten falten und diese Faltung bis zum letzten Fünftel wiederholen.

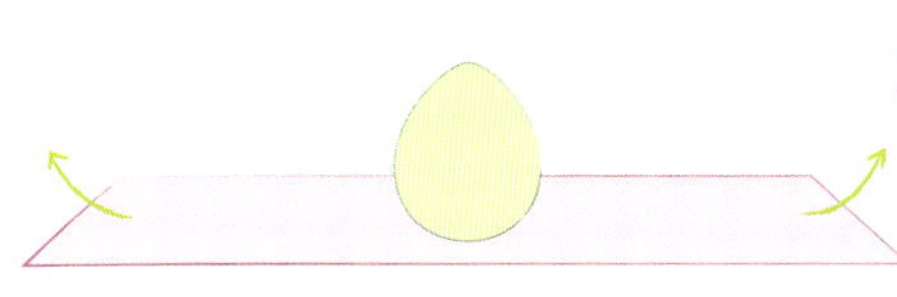

3. Das Ei in der Mitte der zusammengefalteten Serviette platzieren und die beiden Enden über dem Ei zusammenschlagen.

4. Fixieren Sie die Hasenohren, indem Sie oberhalb des Eis ein Deko-Band anbringen. Ziehen Sie dann die Ohren etwas auseinander.

VERWENDEN SIE DOCH EINMAL ANSTELLE VON NORMALEN EIERBECHERN KLEINE *DEKO-EIMERCHEN* AUS METALL. ES GIBT SIE IN VIELEN FARBEN – SO KÖNNEN SIE DEN *TISCH SCHÖN BUNT* GESTALTEN.

Alte Blumentöpfe können Sie mit Baumrinde und Bändern dekorieren.

Stecken Sie Blumen in Eierschalen oder säen Sie Katzengras hinein.

Kleine, antike Milchkannen werden zu Blumenvasen.

SCHÖNE Oster-GRÜSSE

DER SERVIETTEN-*Osterhase*

Das Osterhäschen ist zwar nicht ganz einfach zu falten, es macht aber auf dem österlich gedeckten Tisch einiges her.

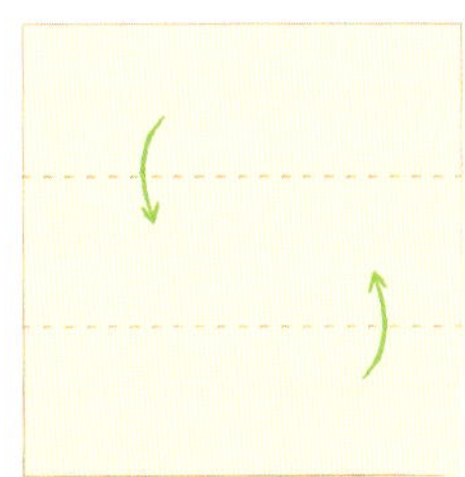

1. Falten Sie den unteren Teil der Serviette zu einem Drittel nach oben und den oberen zu einem Drittel nach unten.

2. Falten Sie die linke obere Ecke zur Mittellinie nach unten. Verfahren Sie genauso mit der rechten oberen Ecke.

3. Falten Sie die rechte und die linke untere Ecke jeweils nach oben zur Mittellinie hin.

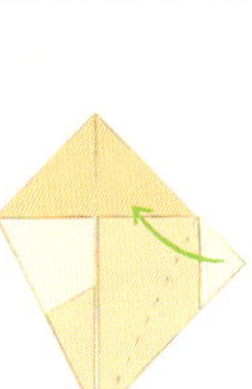

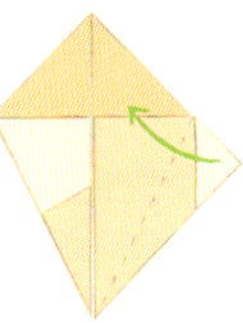

4. Falten Sie die rechte und die linke Ecke noch einmal zur Mittellinie hin.

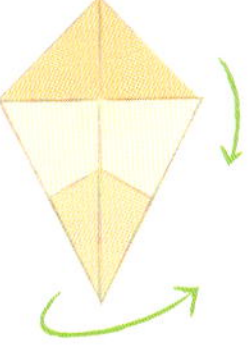

5. Drehen Sie nun die Serviette um 180° und wenden Sie sie horizontal.

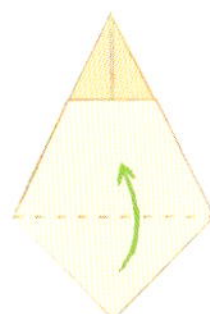

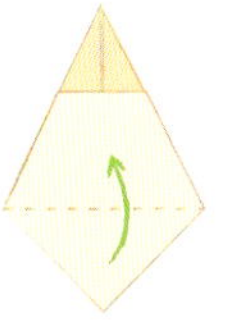

6. Knicken Sie jetzt die untere Spitze nach oben.

7. Falten Sie die Serviette entlang der senkrechten Mitte zur Hälfte zusammen. Zupfen Sie die Ohren und das Schwänzchen etwas zurecht.

DAMIT DER HASE SEINE FORM BEHÄLT, KÖNNEN SIE EIN *BUNTES GESCHENKBAND* UM SEINEN HALS BINDEN. DAS SIEHT AUCH SEHR *SCHÖN* AUS!

Frühlingsblumen kommen in Packpapier gut zur Geltung.

Füllen Sie ein Osternest mit Schokoladeneiern.

Dekorieren Sie mit ausgeblasenen Eiern und österlichen Motiven.

DER SPITZ*hut*

Der Spitzhut wird noch weihnachtlicher, wenn Sie ihn aus glitzernden Servietten oder solchen mit Sternendruck falten. Seine Spitze können Sie noch mit einer kleinen Kugel krönen.

1. Falten Sie die ausgebreitete Serviette zur Hälfte nach unten.

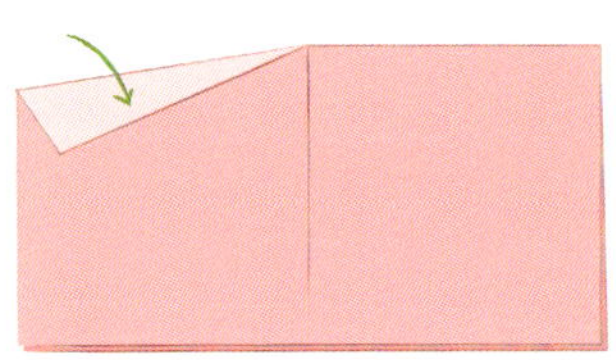

2. Falten Sie die obere linke Ecke von der Mitte aus nach unten, wie auf dem Bild gezeigt.

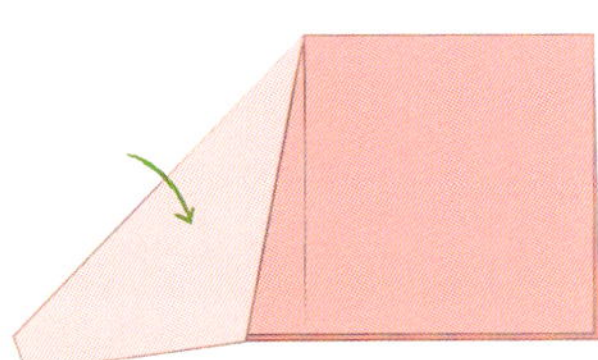

3. Falten Sie die obere linke Ecke knapp unter die untere Kante nach unten, wie auf dem Bild gezeigt.

4. Falten Sie die linke Kante nach rechts, wie auf dem Bild gezeigt.

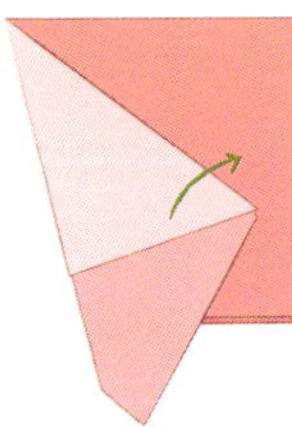

5. Falten Sie die linke Kante nach rechts, wie auf dem Bild gezeigt.

6. Falten Sie die linke Kante nach rechts, wie auf dem Bild gezeigt.

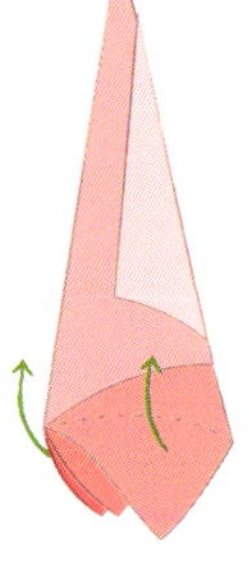

7. Schlagen Sie nun die nach unten stehenden Spitzen nach oben um. Stellen Sie die Serviette auf und drücken Sie sie etwas zurecht.

VERWENDEN SIE FÜR DIESE FALTART UNBEDINGT EINE SERVIETTE, DIE ENTWEDER *EINFARBIG* ODER *BEIDSEITIG BEDRUCKT* IST.

Basteln Sie aus Stumpenkerzen einen einfachen Adventskranz.

Aus Einmachgläsern und Kordeln werden hängende Windlichter.

Mit einem Lichtervorhang erzeugen Sie eine romantische Stimmung.

EIN TAG ohne Lächeln
IST EIN verlorener Tag.

DER WEIHNACHTSbaum

Für diese Serviettenfaltung wird die Serviette zu Beginn nicht wie bei der vorigen Anleitung ausgebreitet, sondern in der quadratisch zusammengelegten Form belassen.

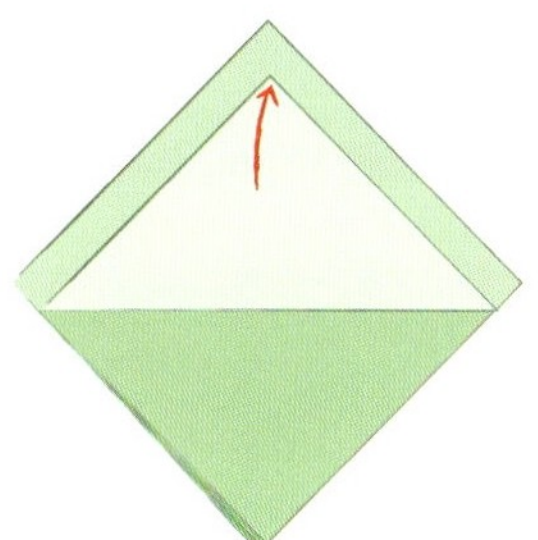

1. Legen Sie geschlossene Serviette mit der offenen Seite nach unten vor sich auf den Tisch. Falten Sie die erste Lage zu einem Dreieck nach oben.

2. Falten Sie nacheinander die einzelnen Lagen zu einem Dreieck nach oben. Wenden Sie die Serviette horizontal.

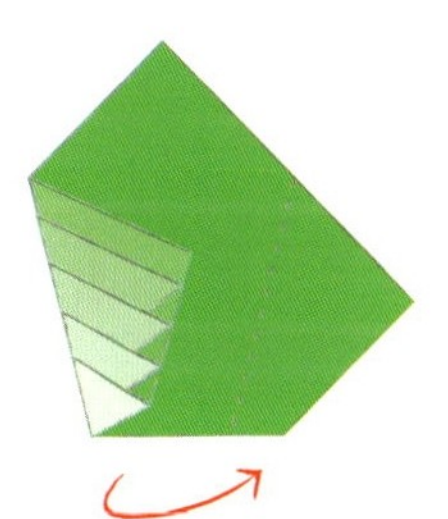

3. Falten Sie die linke Kante zur Mitte hin und wiederholen Sie den Schritt mit der rechten Seite. Wenden Sie dann die Serviette horizontal und drehen Sie sie um 180°.

4. Falten Sie das obere Dreieck nach oben.

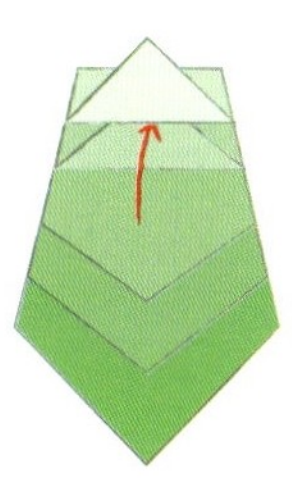

5. Stecken Sie die Spitze des zweiten Dreiecks unter die Lasche des ersten. Wiederholen Sie diesen Schritt mit den folgenden Dreiecken.

Dekorieren Sie den Tisch in weihnachtlichen Farben.

Eine Laterne mit einer Kerze erzeugt eine gemütliche Stimmung.

Im amerikanischen Stil: den Tisch mit Zuckerstangen dekorieren.

EINFACHE Deko-Ideen

Hier zeigen wir Ihnen einige weitere Anregungen, wie Sie Ihren Festtagstisch schön und kreativ gestalten können – auch ohne zeitaufwändige Faltungen.

Der Serviettenring

Eine Alternative zum Falten der Servietten sind Serviettenringe. Der klassische Serviettenring ist schlicht und silbern – heute gibt es ihn in den verschiedensten Materialien und Formen. Sie können die Serviettenringe auch selbst basteln oder gekaufte Ringe verzieren.

Und so geht´s: Rollen Sie die Serviette und ziehen Sie sie durch den Serviettenring. Ziehen Sie die Serviette dann wieder leicht auseinander.

Die zusammengefaltete Serviette

Eine ebenso einfache Alternative ist es, die Serviette zu einem Rechteck zusammenzufalten, das Besteck darauf zu legen und das Ganze mit einigen Deko-Gegenständen zu dekorieren.

Klammern Sie z.B. die Platzkärtchen an die Serviette oder binden Sie eine Kette um das Besteck – Ihrer Fantasie sind keine Grenzen gesetzt.

Die gebundene Serviette

Eine ähnliche Variante ist die gebundene Serviette. Auch hier wird die Serviette zu einem Rechteck gefaltet. Legen Sie dann das Besteck darauf und binden Sie alles mit einer Schnur zusammen. Nun können Sie zusätzliche Deko-Elemente, wie z.B. das Sitzkärtchen oder einen kleinen Kranz, an die Schnur binden.

Weihnachtstipp: Nehmen Sie statt der Schnur Deko-Bänder und ergänzen Sie sie weihnachtlich mit Kugeln und Zimtstangen.

Die Serviettentasche

Schneiden Sie von einer Versandtasche im Format 11,4 x 16,2 cm die obere Lasche ab. Falten Sie die Serviette so, dass diese in die Versandtasche gesteckt werden kann. Jetzt müssen Sie nur noch das Besteck dazustecken.

Sie können zusätzlich ein buntes Geschenkband um die Tasche binden und eine hübsche Schleife binden.

Die aufgestellte Serviette

Legen Sie die zu einem Rechteck gefaltete Serviette mit der langen Kante nach unten vor sich hin. Nun falten Sie die linke und dann die rechte Seite zur Mitte hin. Jetzt müssen Sie die Serviette nur noch aufstellen.

Auch hier bietet es sich an, auf dem Teller noch einige Deko-Elemente zu drapieren oder die Serviette mit einem Schleifchen zu fixieren.

Die eingeschlagene Serviette

Legen Sie die zu einem Rechteck gefaltete Serviette mit der langen Kante nach unten vor sich hin. Falten Sie die linke und dann die rechte obere Spitze zur Mitte hin und falten Sie dann die Serviette in der Mitte zusammen. Jetzt müssen Sie nur noch das Besteck hineinlegen.

Je nach Motto der Einladung passt auch gut ein kleines Kräutersträußchen hinein oder für Kinder ein Lolli.

REGISTER

Genehmigte Lizenzausgabe
EDITION XXL GmbH
Industriestraße 19
64407 Fränkisch-Crumbach 2017
www.edition-xxl.de

Idee und Projektleitung: Sonja Sammüller
Layout, Satz und Umschlaggestaltung:
design cat GmbH

ISBN 978-3-89736-211-6

Bildnachweis
Shutterstock: aastock 51; ABulash 57; Africa Studio 4, 28, 61, 66, 72, 79; Agnes Kantaruk 8, 18, 47, 71; Alena Ozerova 30, 36; Alex Gukalov 17, 56–57, 62; Alexander Raths 78; Alexandru Nika 4, 46–47; Anastasia_Panait 48; andrew crotty 78; Andriy Oleksienko 66; AnjelikaGr U4, 4, 70, 76; Antonova Anna 11, 78; apolonia 24–25, 78; aprilante 27; Balogh Tamas 20–21; Barbara Neveu 39; biggunsband 17; BlueOrange Studio 13; c12 U1, 10, 79; CCat82 4–79; Chaiwuth Wichitdho 64–65; Chamille White 36; Champiofoto 22–23; CheDima 79; Chiociolla 27; CHOKCHAI POOMICHAIYA 48; Christopher Elwell 79; Claudia Paulussen 60, 74; cmgirl 9; Daria Minaeva 17, 71, 78; Deyana Stefanova Robova 62–63; dinozzaver 12–13; Dmitry Kalinovsky U4, 14–15; EkDanilishina 9; Elena Schweitzer 60, 77; Elena Shashkina 13, 48; Elena Veselova 18; ElenaKor 24, 73, 77; Estrada Anton 11; Everything 26–27; EVGENIYA68 6; Evgheni Lachi 23; evilbeau 69; Fourleaf 28; GavranBoris 28; Gena Melendrez 74; George Dolgikh 60; Gephoto 51; goir U4, 4, 28–29; GoncharukMaks 6; Gordana Sermek 54–55; Gyorgy Barna 38–39; haveseen 71; Igor_photo 7; in freedom we trust 39; Inga Ivanova 36–37; Ingrid Balabanova 78; Ioan Florin Cnejevici 48–49; Iryna Prokofieva 62; IVASHstudio 21, 27, 44–45; Jeanette Dietl 5; Jennifer Tatum 73; Joshua Rainey 32; Julia Velychko 23; Jurij Krupiak 68; JuliyaNorenko 13; Karniewska 65; Kati Molin 58; kireewong foto 41; Kristina Bessolova 65; Kristo-Gothard Hunor 19; Kwanbenz 35; Leigh Prather 9; LiAndStudio 65; lidante 6; ljubaphoto U4, 16–17; mambographer 41; Maria Sbytova 57; Maria Slezak 50–51; Marija Kerekes 52; Marina Grau 14; marinaks 8; Martin Gaal 79; MartiniDry 24, 52–53; Matthew Nigel 62; Mila Supinskaya Glashchenko 44; MNStudio U4, 2, 21, 30, 31, 32, 42–43, 51, 58–59, 68; nadianb 78; Natasha Breen 78; Nelli Syrotynska 79; nick vangopoulos 66; Oksana Shufrych 35; Oleksandr Kavun 52; Olena Andreychuk 44; Olena Kaminetska 73; Olga Savina 36; ozankutsal 39; Phaendin 54; Pidgorna Ievgeniia 47; Prasit Rodphan 32–33; Producer 21; Prostock-studio 9; Redshinestudio 54; Roboryba 52; Romrodphoto 34–35, 43; Ruslan Shramko 14, 58; SAQUIZETA 75; Shebeko 8; Sobokar 32; Stakhov Yuriy 18; stockcreations 57, 78; subin pumsom 4, 66–67; SunKids 43; Syda Productions 44; taro911 Photographer 54; Tatiana Chekryzhova 47; TeNiedl 4, 6, 8, 14, 17, 23, 24, 27, 28, 30, 32, 35, 36, 39, 41, 43, 44, 47, 48, 51, 52, 54, 57, 58, 60, 62, 65, 66, 68, 71, 73, 74, 77, 78, 79; tomertu 24, 74; True Vision 41; Tymonko Galyna 14; Vasilyev Alexandr 58; Vit Kovalcik 40; VTT Studio 23; Wild Drago 30; YuSev 43; Zoia Kostina 35